Wolf Wagner

Wie funktioniert Politik?

Dr. Wolf Wagner ist Professor an der Fachhochschule in Erfurt

Titelfoto:
Der Deutsche Bundestag in Berlin 1999 *(Foto: Bundesbildstelle)*

Landeszentrale für politische Bildung Thüringen
Bergstraße 4, 99092 Erfurt, www.thueringen.de/de/lzt
2002
Satz und Druck: Druckerei Sömmerda GmbH
ISBN 3-931426-59-9

Inhaltsverzeichnis

Einleitung
Warum Politik? 5

Erstes Kapitel
Ein Engel namens Satan – oder:
Welches ist die beste Gesellschaft? 9
Die erste Welt des Engels Satan:
Die altruistische Gesellschaft 11
Von den Nachteilen der altruistischen Gesellschaft 16
Die zweite Welt des Engels Satan:
Die egoistische Gesellschaft 23
Von den Nachteilen der egoistischen Gesellschaft 24
Die ideale Gesellschaft: Die Mischform
von altruistischer und egoistischer Gesellschaft 28

Zweites Kapitel
Die Milliarden Leben des Kolumbus – oder:
Das Verhältnis von Politik und Wahrheit 31
Schwierigkeiten mit der Zukunft 32
Die nicht beabsichtigten Folgen zielgerichteten Handelns . . 36
Wie viel Wahrheit ist möglich in der Politik? 38
Konstruktivismus:
die Lehre von der ungewissen Sicherheit 39
Freiheit: Die Erlaubnis zur Dummheit 41
Lehren für die Politik:
Eine Ethik der ungewissen Sicherheit 43

Drittes Kapitel
Robinson und die Mutter in Bangladesh oder:
Die Grenzen der Freiheit 45
Das „Reich der Freiheit“ einer Mutter 47
Die materiellen Grenzen der Menschenrechte 49

Freiheit als Freiheit des Geldes 50
Die Freiheit der Menschen gegen die Freiheit des Geldes . . . 52

Viertes Kapitel
Die braven Folterer oder:
Die notwendigen Grenzen von Macht und Herrschaft 55
Was macht uns zu braven Folterern? 57
Die grausamen Ergebnisse des Milgram-Experiments 59
Die Mitleidshypothese 62
Die Erziehungshypothese 63
Die Bedeutung der Selbstdarstellung von Macht 63
Distanz macht mitleidlos 65
Wenn die Autorität versagt, ... 66
Streit als Voraussetzung der Zivilcourage 67

Fünftes Kapitel
Die Millionen-Pfund-Note oder:
Die Funktion der symbolischen Politik 69
Das Bild des Schiffes 71
Die unwissenden Wähler 71
Das Dilemma der Demokratie 75
Der Unterschied zwischen praktischer und
symbolischer Politik 75
Die Bedeutung der praktischen Politik 78

Sechstes Kapitel
Der kleine Prinz und der König – oder:
Die Aufgabe von Politik 81
Macht und Bedürfnisse 82
Die Vorzüge der Herrschaft 87

Siebtes Kapitel
Was kann man tun? 91

Weiterführende Literatur 99

Einleitung

Warum Politik?

Meistens ist Politik langweilig. Warum also eine Broschüre über Politik? Lassen Sie mich dazu eine Geschichte erzählen. Sie ist sehr persönlich, denn sie handelt von meinen Eltern. Ich will sie dennoch erzählen, denn sie zeigt drastisch, was einem passieren kann, wenn man sich nicht um Politik kümmert.

Meine Mutter – 1910 geboren – hasste Politik. Das lag daran, dass ihre Brüder – beide viel älter als sie – mit dem Vater ständig über Politik stritten, besonders beim Essen. Ihr Vater war streng katholisch und konservativ. Ihre beiden Brüder waren Nazis. Die Brüder hielten sich für fortschrittlich, mutig, idealistisch, kurz: revolutionär. Den Vater fanden sie altmodisch, kleinkariert und feige, kurz: alt. Der Vater, der katholischen Kirche eng verbunden, hätte sich nichts Schlimmeres vorstellen können als das, was ihm nun geschehen war: Seine Söhne waren Nazis, gottlos, ohne Liebe für das Schwache, wie es das Christentum gebot, sondern voller Hass und Vernichtungswille. Und so stritten sie jeden Tag einen Streit ums Ganze. Es war ein Männerstreit, und die Frauen suchten zu schlichten, wollten für Ruhe sorgen. Doch die Männer hörten nicht auf sie.

Deshalb wohl verliebte sich meine Mutter in einen schnodderigen jungen Mann, groß gewachsen, schlank, sportlich und völlig unpolitisch. Er war ohne Ehrgeiz. Sein Vater hatte ihn aus Ehrgeiz gequält. Er hatte ihn angetrieben und nie als das gelten lassen, was er war. So fanden sich die beiden und beschlossen zu heiraten. Meine Mutter wollte sechs Söhne haben. Denn in ihrer ersten bezahlten Arbeit hatte sie in einer Familie als Erzieherin von sechs wilden Jungs ihre Bewährungsprobe bestanden und Freude daran gewonnen. Für beide war die Familie das Ein und Alles. Einträchtig ignorierten sie Politik.

Es war 1938 und Politik war so lebensbestimmend wie kaum je zuvor oder danach. Deutschland hatte sich verwandelt. Es war zunehmend schwerer geworden, sich unpolitisch zu verhalten. Denn der Alltag wurde politisiert: Man wurde zu Aufmärschen gezwungen. Der tägliche Gruß wurde zu einem Bekenntnis für oder gegen Hitler. Und es drohte Krieg: Hitler war von einem Erfolg zum nächsten getaumelt und immer ehrgeiziger, größenwahnsinniger geworden. Jetzt spielte er wie ein schlechter Kartenspieler auf zukünftige Karten, überreizte seine Hand und musste auf immer höheres Risiko spielen.

All das geschah, ohne dass meine Eltern davon Kenntnis nahmen. Deshalb lehnten sie das Angebot von Verwandten aus Australien ab, zu ihnen zu ziehen. Sie wollten ihre gerade ganz modern eingerichtete Wohnung in einem grünen Vorort von Berlin nicht aufgeben. Sie lebten in ihrer privaten Idylle und merkten nichts von der Gefahr, in der sie steckten und verwarfen das letztmögliche Angebot, ihr zu entgehen. Dann explodierte die Politik und zerstörte ihre Idylle. Hitler hatte in maßloser Selbstüberschätzung den Krieg gegen die ganze Welt begonnen und riss alles und alle in den Strudel seiner Politik. Mein unpolitischer Vater wurde eingezogen. Sein Vater wollte ihn zwingen, Offizier zu werden. Doch er lehnte diesen erneuten Übergriff ab. Denn er war gegen Krieg und Militär, so wie er gegen Politik war. Er blieb als studierter Jurist einfacher Soldat bis kurz vor Kriegsende. Zu seinem Glück – wie er glaubte – kam er nicht an die Front, sondern musste, weil er schon relativ alt war, Kriegsgefangene bewachen. Das war ein leichter Dienst, meinte er. Doch er geriet in die Hölle. Die Nazis hatten Polen und Russen zu Untermenschen erklärt und beschlossen, sie politisch, wirtschaftlich und kulturell zu zerstören und nahmen dabei den Hungertod vieler Millionen ihrer Einwohner, insbesondere ihrer wehrfähigen Bevölkerung, billigend in Kauf. Während westliche Kriegsgefangene nach der Genfer Konvention behandelt wurden, verweigerte die deutsche Führung Polen und Russen das Minimum an Nahrung und Unterkunft, das zum Überleben notwendig war. Millionen von ihnen starben in Kriegsgefangenenlagern an Auszehrung und an ansteckenden Krankheiten, die sich unter den geschwächten Gefangenen und unter den verheerenden hygienischen Bedingungen explosionsartig ausbreiteten.

Mein Vater muss meiner Mutter von den Schrecken in den Lagern erzählt haben. Denn sie, die bis dahin Unpolitische, wurde aufmüpfig und kritisch gerade da, wo es am gefährlichsten war. Sie sprach offen davon, dass die Niederlage unvermeidlich und verdient sei. Sie weigerte sich, mit ihren Kindern aus dem zerbombten Berlin nach Osten, ins ehemalige Polen, zu ziehen. Sie ahnte um die Niederlage und dass die Rache schrecklich sein würde. Statt ins besetzte Polen zog sie nach Schwaben zu ihrer Mutter.

Die gewonnene politische Weitsicht half nur ihr. Mein Vater war in eine Maschinerie geraten, die ihn nicht mehr los ließ. Er hatte im Lager selbst Fleckfieber bekommen und überlebt. Dadurch war er immun. Er konnte gefahrlos weiter eingesetzt werden in den fleckfieberdurchseuchten Lagern. Man ließ ihn nicht gehen. Und so blieb er bis zum Ende. Das Kriegsende erlebte er in einem Gefangenenlager für Russen, die in Norwegen zu Schanzarbeiten gezwungen wurden. Dort nahmen ihn die Briten gefangen. Bald wurde er zur Entlassung eingeteilt. Doch wieder machte ihm die Politik einen Strich durch die Rechnung. Die Alliierten hatten sich nämlich politisch festgelegt, jeder Nation die Deutschen auszuliefern, die an ihren Bürgern Kriegsverbrechen verübt hatten.

Der Name meines Vaters stand auf einer sowjetischen Liste. Seine Division soll entflohene Gefangene erschossen haben. So wurde er der Sowjetunion überstellt. Die Rache war schrecklich, wie es meine Mutter vorausgesagt hatte. Zuerst kam er nach Sachsenhausen, in das ehemalige KZ der Nazis nördlich von Berlin. Dort wurde er auf die gleiche Weise gequält, wie einst die Nazis ihre Gefangenen gequält hatten. Dann kam er zusammen mit Millionen anderen Deutschen – Zivilisten und Militärs – in die Lager der Sowjetunion. Dort waren inzwischen auch die meisten derjenigen gelandet, die mein Vater zuvor bewacht hatte. Stalin hatte nicht nur die deutschen Bewacher der sowjetischen Kriegsgefangenen, sondern auch die sowjetischen Gefangenen selbst zu Kriegsverbrechern erklärt. Zur Strafe für ihre jahrelangen Leiden für den Sowjetstaat wurden sie zu vielen weiteren Jahren Arbeitslager verurteilt und in Lager gesteckt, die sich kaum von denen der Deutschen unterschieden. Russen wie Deutsche vegetierten und starben, zwar getrennt, aber in identischen Lagern unter identischen Bedingungen in der Eiseskälte Sibiriens.

Der Vitaminmangel ließ meinem Vater Zähne und Haare ausfallen und führte zu Herzbeschwerden. Erfrierungen kamen hinzu. Sie steckten ihn in ein Bergwerk. Doch er konnte sich vor Erschöpfung kaum noch bewegen. Zusammen mit anderen völlig verbrauchten Deutschen sollte er nach Deutschland abgeschoben werden. Im Entlassungslager starb er kurz nach Weihnachten ein Jahr nach Kriegsende an Erschöpfung. Der Mann, mit dem er in der Nacht seines Todes auf der gleichen Pritsche gelegen hatte, brachte meiner Mutter die Todesnachricht. Da stand sie nun. Sie, die zusammen mit ihrem Mann alles getan hatte, um der Politik aus dem Weg zu gehen, war von der Politik eingeholt worden und sie hatte ihr alles genommen. Ihr Mann war tot. Ihre schicke Etagenwohnung in Berlin war zerbombt. Die wenigen Möbel, die sie hatte aus dem Keller retten können, standen jetzt in der Wohnung ihrer Mutter, wo sie mit ihren drei Kindern – nun selbst wieder abhängig wie ein Kind – untergekommen war.

Politik mag langweilig und abscheulich sein. Aber sie bestimmt unser Schicksal. Denn Politik ist der Prozess, in dem die öffentlichen Angelegenheiten einer Gesellschaft entschieden werden. Was immer zum Problem erklärt wird, muss von der Politik auf die eine oder andere Weise gelöst werden. Politik entscheidet zwischen den Lösungsmöglichkeiten und setzt eine Lösung gegen die anderen durch. Die gilt dann für alle und niemand kann sich ihr entziehen. Deshalb ist es einfach unvernünftig, sich nicht um Politik zu kümmern. Man ist ihr weniger ausgeliefert, wenn man wenigstens versteht, wie sie funktioniert und wohin sie treibt. Man kann sie dann nicht nur begreifen, sondern sogar verändern.

Erstes Kapitel:

Ein Engel namens Satan – oder:

Welches ist die beste Gesellschaft?

Einige Jungs aus einem im Mittelalter stecken gebliebenen Dorf in Österreich lernen eines Tages beim Spielen im Wald einen seltsamen Fremden kennen. Der weiß alles über sie. Sogar was sie gerade denken. Er kann aus dem Nichts Gegenstände zaubern, an die sie nur gedacht haben. Und er formt aus Lehm Eichhörnchen, die lebendig davonlaufen, oder Vögel, die aus seiner Hand fliegen. Fasziniert schauen ihm die Freunde zu. Schließlich traut sich einer von ihnen und fragt den geheimnisvollen Fremden, wer er sei. „Ein Engel" antwortet der einfach.

Als die Jungs vor Ehrfurcht erstarren, löst sie der Engel aus ihrer Befangenheit, indem er ihnen eine kleine Welt schafft. Er formt aus Lehm Hunderte fingergroße menschliche Figuren, die kaum auf den Boden gesetzt, lebendig werden und zu arbeiten beginnen. Sie räumen ein Stück Boden frei, roden dazu das Gras wie einen Wald, wälzen Steinchen und schleppen Holzstücke und bauen daraus Häuser und Hütten. Dann formen sie aus Lehm winzige Ziegel, bauen Gerüste, ziehen Mauern hoch und errichten in der Mitte auf einer kleinen Anhöhe eine richtige kleine Burg mit Türmen, Wehrgängen und Zugbrücke. Gerade als einer der Jungs den Engel fragt, wie er denn heiße, rettet der einen der kleinen Menschen, der auf einem Gerüst hoch oben am Turm der Burg ausgerutscht war und sicher zu Tode gekommen wäre, hätte der Engel ihn nicht aufgefangen. Bei solch dramatischem Geschehen hätten sie beinahe seine Antwort überhört: „Satan". Als sie merken, was er gesagt hat, weichen sie entsetzt zurück, denn sie fürchten, den Teufel vor sich zu haben. Der Engel beruhigt sie und erklärt, der Teufel sei nur ein Onkel von ihm, nach dem er benannt sei. Aber im Gegensatz zu dem kenne er, der Engel Satan, keine Sünde und auch keinen Unterschied zwischen Gut und Böse. Während er das sagt, zerquetscht er zwischen seinen Fingern zwei der kleinen Menschen, die er geschaffen hatte. Sie waren in Streit geraten und hatten begonnen, aufeinander einzuschlagen. Weiter redend wischt er sich mit einem Taschentuch die blutigen Finger ab.

Das ist der Anfang einer bitterbösen Geschichte von Mark Twain mit dem Titel: „Der geheimnisvolle Fremde". Mark Twain, der amerikanische Schriftsteller des 19. Jahrhunderts, hat bei uns für seine Romane „Huckleberry Finn" und „Tom Sawyers" den Ruf als harmlos-humoristischer Jugendschriftsteller. Eigentlich ist er philosophischer Freigeist gewesen, der mit scharfem Sarkasmus die Scheinheiligkeiten seiner Zeit entlarvte.

Seine Geschichte vom Engel Satan wird uns noch weiter beschäftigen. Jetzt sollen uns die unbegrenzten Fähigkeiten des Engels Satan und sein Mangel an Moral als Hilfsmittel dienen, um unsere Fantasie frei zu setzen und uns von der uns bekannten Welt zu lösen. Zusammen mit dem Engel Satan wollen wir uns vorurteilsfrei eigene kleine Fantasiewelten bauen und in ihnen ausprobieren, wie Gesellschaft funktioniert und welches die Gesellschaft ist, die am besten funktioniert.

Als Kriterium zur Beurteilung der von uns erschaffenen Welten soll uns ihr Erfolg dienen. Um den zu testen, lassen wir jede Gesellschaft einige Generationen lang laufen und schauen an, ob sie blühen und gedeihen oder ob sie drohen unterzugehen. Das ist das gleiche Kriterium, das Geschichte und Natur auf ihre Schöpfungen anwenden. Was verschwindet, mag noch so schön gewesen sein. Es hat sich selbst widerlegt.

Die erste Welt des Engels Satan: Die altruistische Gesellschaft

Wenn wir eine ideale Gesellschaft bauen wollen, wäre es wohl am besten, wir würden sie als einen in sich stimmigen, einigen Organismus konstruieren, in dem die Menschen nicht egoistisch sind, sondern sich altruistisch für die anderen und das Ganze aufopfern. Alle sollten sich für das gemeinsame Gute begeistern und stark machen und ihre Einzelinteressen hintan stellen. Das wäre die wahrhaft ideale Gesellschaft. In ihr wäre Politik eine saubere Sache, die von den fähigsten Personen unter Einsatz aller Kräfte und für alle durchschaubar und einsichtig betrieben würde. Viele – insbesondere auch junge Menschen – werden sagen: Wenn Politik so wäre, könnte auch ich mich dafür begeistern.

So ist übrigens auch das Wort Gesellschaft in unsere Sprache gekommen. Es hat sich erst in den ersten Jahrzehnten des 19. Jahrhunderts als ein Kampfbegriff derjenigen entwickelt, die gegen den Individualismus der französischen Revolution von 1789 die alte, vorrevolutionäre Ordnung restaurieren wollten. Vor der französischen Revolution hieß das, was wir heute Gesellschaft nennen, Land, Königreich oder res publica (die öffentliche Sache). Auch das uns selbstverständlich gewordene Wort „Individuum" war damals genauso unbekannt wie das Wort „Staatsbürger". Die Menschen galten nicht als Menschen, sondern als Inhaber bestimmter Positionen. Man war nicht Mensch, sondern Fürst, Priester, Papst, Kaiser, König, Meister, Geselle, Jungfer, Meistersfrau, Witwe, Bäuerin, Großbäuerin, Magd, Knecht, Lehrling, fahrendes Volk. In dieser konkreten ständischen Struktur entwickelte sich die abstrakte Welt des Geldes, in der jedes Geldstück gleich gilt, egal ob es nun vom König oder Bettler kommt. Das machte erst eine Denkweise möglich, in der die offensichtlich verschiedenen Menschen in wundersamer Weise als Gleiche gesehen werden konnten, als immer gleiche Staatsbürger mit gleichen Rechten. Die Revolution hatte damit das „Individuum" entdeckt und versprach diesem das Recht auf Selbstverwirklichung, auf freie Entfaltung, solange es andere nicht an der Ausübung des gleichen Rechtes hinderte. Die US-amerikanische Unabhängigkeitserklärung hat sogar das Recht jedes Einzelnen auf das Streben nach Glückseligkeit („Pursuit of Happiness“) verkündet.

In der vorrevolutionären, ständischen Gesellschaft waren solche auf ein allgemeines, abstrakt gedachtes Individuum zugeschnittene Rechte undenkbar. Jede Position hatte ihre eigenen Pflichten. Der König hatte andere Pflichten als der Papst, der Bauer oder der Handelsknecht und jeder hatte darum andere Rechte. Der König musste regieren, dafür durfte er auch in Schlössern wohnen und mit großem Gefolge übers Land ziehen. Der Bauer musste Nahrungsmittel abliefern, für den Herrn arbeiten und Kriegsdienste leisten, dafür durfte er das ihm überlassene Land bebauen und von den ihm verbliebenen Erträgen leben. Die revolutionäre Gleichmacherei bedeutete natürlich einen herben Verlust für die zuvor Privilegierten. Die gaben der revolutionären Überbetonung des Individuums und seiner allumfassenden gleichen Rechte die Schuld. Nach ihrer Meinung war dadurch das wertvolle Wissen um die Pflichten gegenüber dem Ganzen und um die rechte Ordnung des Ganzen dem Untergang geweiht. Gegen diese Gefahr setzten sie das Wort „Gesellschaft“. Denn in ihm steckt das Wort „gesellen“, was ein altertümlicher Ausdruck für gemeinsames Wirtschaften und für das füreinander Einstehen ist. Wenn wir dieser ursprünglichen Bedeutung des Wortes Gesellschaft gerecht werden wollen, müssen wir den Engel Satan als Erstes eine solche ideale altruistische, also selbstlose Gesellschaft bauen lassen. Zum Engel würde sie auch passen. Sie wäre eine wahrhaft engelsgemäße Gesellschaft. Und damit der Altruismus, die Aufopferung der Eigeninteressen für das Ganze, überhaupt Sinn machen soll, müssen wir an die Spitze der Gesellschaft die besten Denker setzen. Die haben in ihrer Weisheit Zugang zur Wahrheit. Deshalb können sie der Gesellschaft die ideale Politik vorschlagen. Sie wird für die Zukunft den richtigen Weg einschlagen und für die Gegenwart Gerechtigkeit und Sicherheit bieten.

Das Konzept ist so einleuchtend und überzeugend, dass es in der Menschheitsgeschichte immer wieder angestrebt und als Gedankenbild von Philosophen und Religionsgründern entworfen worden ist. Schon die ältesten gesellschaftlichen Gebilde, das Reich der Pharaonen im heutigen Ägypten und die Hindu-Gesellschaften am Indus, verfuhren nach diesem Prinzip. In Ägypten konnten die Priester die Überschwemmungen vorhersagen und die Pharaonen die Verteidigung des Landes gegen Eindringlinge organisieren, während die Bevölkerung für die Produktion und Versorgung der nächsten Generation sorgte. Alles und jeder hat seinen sinnvollen Platz.

Bei den Hindus wurde die Ordnung zur Religion. In Indien bestimmen bis heute die Kasten als ererbte Status- und Berufsgruppen das Leben der gläubigen Hindus – von 90% der dortigen Gesellschaft. Als die Kastengesellschaft entstand, mag sie sinnvoll gewesen sein. Niemand sollte dauerhaftes Eigentum haben. Alle sollten das tun, was sie am besten konnten, und zwar im Namen des Ganzen. Dazu sollten sie aus dem Gemeineigentum die Mittel erhalten, die sie benötigen. Die höchste Kaste sollte aus den besten Köpfen der Gesellschaft bestehen und Vorbild für alle anderen sein. Sie sollte in ihrer Weisheit die Gesellschaft zum Besten des Ganzen leiten. Die anderen sollten ihrem Rat folgen und sich dem allgemeinen Besten unterordnen: Die Krieger das Land verteidigen, die Bauern das Land anbauen, die Handwerker die Dinge des Lebens herstellen, die Händler sie über das Land verteilen und die Diener sollten dienen und all die Tätigkeiten ausüben, die übrig blieben.

Auch im antiken Griechenland gab es solche Vorstellungen von Gesellschaft, die dem Bild eines Organismus folgten. Platon etwa empfahl, die Gesellschaft durch den besten Philosophen leiten zu lassen. Alle anderen sollten sich freiwillig seiner Diktatur unterwerfen. Die sei der Herrschaft des Gesetzes überlegen. Denn der Weise Philosoph könne die Besonderheiten des Einzelfalls berücksichtigen. Während das Gesetz alle Fälle gleich behandeln muss, kann der Philosoph erkennen, wann jemand mit guten Gründen gegen das Gesetz verstößt. Der Philosoph kann gerechter sein als das Gesetz.

Vom antiken Rom ist überliefert, dass sich die Senatoren als das Hirn der res publica verstanden und den Bürgern die Rolle von Beinen, Armen und Bauch der Gesellschaft zuwiesen. Wenn sie alle gut zusammenarbeiten würden, wäre allen gedient. Auch im europäischen Mittelalter behaupteten Klerus und Adel, direkt von Gott zum Besten des Königreiches eingesetzt zu sein.

In der Zeit vor der französischen Revolution vertrat der Philosoph Jean Jacques Rousseau eine interessante Variante zum Philosophenstaat. Statt eines Einzigen sollten alle gemeinsam die Weisheit vertreten. Dazu sollten alle verheirateten Männer – nur die galten als Bürger – exakt gleich viel Land und Vieh besitzen und völlig unabhängig voneinander leben. So sollte jeder Interessenkonflikt vermieden werden. Alle würden die gleichen Interessen haben. Dann würde ihr Denken nicht mehr durch Sonderinteressen bestimmt und ihr Wille würde immer automatisch das Gemeinwohl ausdrücken. Unausweichlich käme das Beste für das Ganze heraus.

Man könnte diese Geschichte fortsetzen bis heute. Die Vorstellung von der Gesellschaft als stimmigem Organismus, der deshalb von seinen Gliedern selbstlose Unterwerfung unter das gemeinsame Beste verlangen kann, ist bis heute das immer wiederkehrende, Gesellschaftsmodell. In den meisten Köpfen bestimmt es das innere Bild, das sich die Menschen von der Gesellschaft machen. An ihm messen sie die erfahrbare Wirklichkeit. Im Vergleich zu dieser idyllischen Vorstellung muss jede Wirklichkeit auf jämmerliche Art und Weise scheitern.

Dabei hat das altruistische Modell im 20. Jahrhundert zwei große Katastrophen erzeugt: den Stalinismus und den Nationalsozialismus. Wie im Körper sollte bei den Nazis jedes Glied der Gesellschaft in seiner speziellen Funktion mit den anderen Gliedern zusammenwirken und harmonieren. Nach dem lateinischen Wort für Körper „corpus“ nannte sich die Idee „Korporatismus“. Die unterschiedlichen Funktionsträger der Gesellschaft, die Unternehmer, die Arbeiter, die Ärzte, die Bauern etc. sollten sich in Körperschaften organisieren und unter der Leitung der allwissenden Partei des „Führers“ zum Besten des Volkes wirken. Und wie bei einem wirklichen Körper sollten Schadstoffe, Wucherungen und infektiöse Eindringlinge identifiziert und ausgemerzt werden.

Auch das bolschewistische Prinzip Lenins, das über fünfzig Jahre die sich sozialistisch nennenden Länder des Ostblocks bestimmte, funktionierte nach einem altruistischen, organismischen Prinzip: Es gab kein Privateigentum an Produktionsmitteln, also angeblich wie bei Rousseau keine Privat- und Sonderinteressen. Damit schienen die Klassen abgeschafft. Das Ende des Klassenkampfes schien erreicht. Alle sollten die gleichen Interessen haben. Es galt nur noch, die Fähigsten auszuwählen zum Führen der Gesellschaft. Und da die Fähigen viel besser geeignet sind, Fähigkeiten zu erkennen, sollten sie auch diejenigen auswählen, die zu ihnen gehörten. Die Wahl erfolgte von oben nach unten. Die höhere Einheit bestimmte, wer gewählt werden sollte und die untere Einheit vollzog diese Wahl. Man nannte das „demokratischen Zentralismus“.

Die Besten der Besten würden das Zentralkomitee bilden, das aus seinen Reihen wiederum den Besten als Sekretär wählte. Dem ZK und seinem Sekretär würden die Partei und die staatlichen Organisationen das beste Wissen aus allen Teilen des Landes zutragen. Dann könnten die weisesten Entscheidungen getroffen und ein Plan entworfen werden, der zum Besten aller dienen würde. Keine Privatinteressen, kein Egoismus, kein Individualismus sollte das Funktionieren und Blühen des Ganzen stören.

Ob nach dem Kastensystem der Hindus, der Philosophendiktatur Platons, der „volonté generale“ Rousseaus, dem Korporatismus der Nazis oder der Plandiktatur Lenins und Stalins – allen gemeinsam ist die Vorstellung, man müsse die Gesellschaft zu einem Organismus formen, in dem es keine Sonderinteressen gebe. Allen gemeinsam ist die Vorstellung, man müsse der Gesellschaft nur einen idealen, gemeinsamen Zweck setzen, und die Gesellschaft wäre auf bestem Kurs und könne allen Gefahren trotzen.

Nehmen wir an, der Engel Satan habe eine solche Gesellschaft gebaut und lässt sie Probelauf nach Probelauf, Generation nach Generation vor sich hin funktionieren. Was kommt dabei heraus?

Von den Nachteilen der altruistischen Gesellschaft

Immer wieder zeigen sich in solchen Gesellschaften die gleichen Probleme. Zuerst: Wie erkennt man den Besten der Besten, wie identifiziert man den großen Philosophen, den „richtigen" Ersten Sekretär des Zentralkomitees, den „guten Fürsten", den richtigen „Führer", für den es sich lohnt, die eigenen Interessen zu opfern? Dann: Es zeigt sich immer wieder gegen die Meinung von Plato, Rousseau, Lenin und Stalin, dass Menschen auch bei größter materieller Gleichheit, auch ohne Privateigentum an Produktionsmitteln, unterschiedliche Interessen und Sichtweisen haben und sich nicht einig sind, was das Beste und wer der Beste für die Gesellschaft ist.

So kommt es immer wieder, dass manche die und andere die andere Person für die am besten geeignete Person halten. Und immer wieder halten die einen die eine Position und die anderen die andere Position für die weiseste Entscheidung. Und schon hat man das, was die Konstruktion der Gesellschaft vermeiden wollte: Der häufig beklagte, verwirrende und von Egoismen, Rechthaberei und Streit geprägte Zustand sich bekämpfender Parteien, von denen jede behauptet, nur sie habe Recht und nur ihr Kandidat sei der Beste. Wir haben das, was die altruistische Gesellschaft meiden wollte wie der Teufel das Weihwasser: Politik.

In einer Gesellschaft, deren ideales Selbstbild darin besteht, solche Sonderinteressen dürfe es nicht geben, ist das immer gleiche Resultat: Die siegreiche Fraktion vernichtet zuerst die unterlegene Fraktion. Dann erklärt sie ihr eigenes Sonderinteresse zum Gemeinwohl. Aus der gemeinwohlorientierten Regierung der Weisesten wird unvermeidlich die terroristische Diktatur der Stärkeren. Diese wird dann ausgegeben als das Ideal, in dessen Namen die Gesellschaft einst angetreten ist.

Und selbst wenn es gelänge, die Besten der Besten an die Spitze der Gesellschaft zu bringen, käme bald das andere chronische Problem solcher altruistischen, organismischen Gesellschaften zum Tragen: Die oben sind auf die Informationen der unten angewiesen. Denn die oben sind von der Wirklichkeit abgeschnitten. Sie haben keinen unmittelbaren Zugang mehr zu ihr. Wie eine Isolierschicht stehen zwischen ihnen und der Wirklichkeit die Schicht der Diener und Handlanger, die Ausführer ihrer Befehle und Berichterstatter über die Folgen.

Der Philosoph Hegel hat das am Beispiel Herr und Knecht beschrieben: Weil der Herr nur über den Knecht die Welt erfährt, kann er sich einer sich verändernden Welt nur so weit anpassen, wie ihm der Knecht diese Veränderungen vermittelt. Der Herr behauptet von sich, er habe die Weisheit, er wisse besser als der Knecht, wie die Wirklichkeit gestaltet ist. Er kann wegen seiner behaupteten Überlegenheit nicht zulassen, vom Knecht belehrt zu werden. Er sperrt sich gegen die Informationen des Knechtes und macht sich damit dumm. Der Knecht dagegen lernt dazu. Er muss sich anpassen an die Veränderungen der Wirklichkeit. So wird er bald der Fähigere und Wirklichkeitstüchtigere von beiden und merkt, dass ihn der Herr in die Irre führt. Will er in der veränderten Wirklichkeit bestehen, muss der Knecht den Herrn stürzen und sich selbst zum Herrn machen. Und dann geht – laut Hegel – die Geschichte, die er Dialektik nannte, wieder von vorne los.

Der Herr muss demnach im Namen der organischen Gesellschaft und seiner überlegenen Weisheit darauf bestehen, dass er der Beste ist und dass sich der Knecht der besseren Einsicht des Herrn unterwirft. Und schon sind wir wieder bei einer irrationalen Diktatur angelangt, dem Gegenteil dessen, was die altruistische, organismische Gesellschaft wollte.

Ist die Diktatur einmal installiert, verschärft sich das Problem: Die Unterdrückten, die Unterworfenen und Untertanen trauen sich nicht mehr, dem Diktator Informationen zu übermitteln, die dessen Missfallen erregen könnten. Das könnte tödlich sein. Die Diktatoren sorgen selbst dafür, dass sie systematisch belogen werden und sich zunehmend in einer Welt bewegen, die der des russischen Fürsten Potemkin gleicht. Ihm haben seine Untergebenen und Untertanen Städte und Landschaften aus Pappkulissen gebaut, wenn er über Land fuhr, damit er mit ihnen zufrieden war. Die Untertanen leben in einer wirklichen Welt, die sich immer radikaler von der Scheinwelt der Herrschenden unterscheidet. Die Untertanen wissen, dass sie für jedes Misslingen der Diktatur, für jedes Scheitern einer der großen Pläne ihres Diktators nicht nur die Zeche zahlen, sondern auch noch die Strafe ertragen müssen. Deshalb entwickeln sie zunehmend ihre eigene, geheime Art, Befehle von oben auszuführen. Die oben erfahren nicht nur immer weniger über die Wirklichkeit. Sie verlieren auch immer mehr von ihren Steuerungsinstrumenten. Denn die unten machen aus Selbstschutz etwas ganz anderes als sie angewiesen worden sind. Sie versuchen aus eigener Kraft, die Dinge wenigstens dem Anschein nach so hinzukriegen, wie sie aus Erfahrung wissen, dass die Herrschenden sie wollen.

Hin und wieder wird einer der Untertanen erwischt und bestraft. Das ist schlimm. Sie haben aber gelernt, dass es für sie noch schlimmer kommt, wenn sie das tun, was ihnen befohlen wird. So entwickeln sich alle diese altruistischen, organismischen Gesellschaften bald zu seltsamen Gebilden: oben eine Diktatur der Eliten, unfähig die Veränderungen der Wirklichkeit wahrzunehmen, und unten ein geplagtes Volk, das gelernt hat zu lügen und sich selbstständig durchzuwurschteln. Die ursprünglich ideal konzipierte Gesellschaft verwandelt sich in ihr Gegenteil: eine verlogene und schizophrene Diktatur.

So war das bei allen altruistischen, organismischen Gesellschaften: In der römischen Gesellschaft wie in den mittelalterlichen Feudalgesellschaften in Europa, im Sozialismus und erst recht im

Nationalsozialismus. Auch beim indischen Kastensystem – es unterscheidet sich von den anderen hierarchischen Gesellschaften nur durch die religiös gerechtfertigte extreme Abschottung der Unberührbaren – gibt es das gleiche Problem: Wer garantiert, dass die Nachkommen der Besten selbst wieder die Besten sind? Und wie entscheiden die Besten unter sich, wer der Beste und was das Beste ist? Und wie kriegen sie mit, was sich in der Wirklichkeit so verändert, dass sie darauf mit neuen Strategien reagieren müssen?

Der entscheidende Konstruktionsfehler solcher organismischen Gesellschaften mit altruistischem Anspruch ist ein Zuviel an Politik. Sie glauben mit Politik lasse sich alles machen. Hitler und Stalin sind dafür die besten Beispiele. Sie verweisen zugleich auf das Zentrum aller Politik: Sie will die Welt nach den eigenen Vorstellungen gestalten. Beide, Hitler und Stalin, hatten einen unbegrenzten Glauben an die Gestaltungsfähigkeit der Welt.

Hitler und seine „alten Kämpfer" hatten sich ein zu ihrer Zeit weit verbreitetes populärwissenschaftliches Weltbild angelesen, wonach das Wohl und Wehe der Menschheit von den angeborenen Fähigkeiten, den Genen der Menschen abhänge. So war es noch zur Jahrhundertwende ins 20. Jahrhundert allgemeine Anschauung auch in der Wissenschaft, dass Kriminalität genauso wie Armut ein Ergebnis der Vererbung sei. Traf man doch Armut und Kriminalität nachweisbar häufiger bei Kindern von Armen und Kriminellen an. Wie in der Tierwelt gebe es auch unter Menschen gute und schlechte Rassen. Zwischen ihnen herrsche genauso ein Kampf ums Überleben wie in der tierischen Natur. Und wie dort setze sich auch in der Gesellschaft nur die stärkste und genetisch beste Rasse durch. Eine Vermischung mit schlechten Rassen müsste demnach den Untergang bringen. Darum schien es im Überlebenskampf nicht nur gerechtfertigt, sondern unverzichtbar, der jetzigen Generation schwerste Opfer abzuverlangen für das zukünftige Glück aller. Jetzt müssten die Gene durch kluge Zuchtwahl verbessert und alle schlechten Eigenschaften durch Sterilisierung und Ausrottung eliminiert werden. Nach ihrem Selbstverständnis waren die Nazis

Idealisten. Denn sie begingen all ihre Morde und Untaten nicht aus Freude am Quälen, sondern – wie sie meinten – zum Wohle der zukünftigen Menschheit. Himmler, der Chef der SS, hat am 4. Oktober 1943, mitten im Krieg, bei einem SS-Führertreffen in Posen eine Rede gehalten. In ihr wird die ganze Monstrosität dieses Idealismus auf den Punkt gebracht: Auf seinen Befehl hatten seine Leute bereits viele hunderttausende Juden umgebracht. Sie hatten sie in Synagogen getrieben und diese angezündet. Hatten sie auf offenen Plätzen erschlagen. Hatten sie in Wälder getrieben und erschossen. Hatten sie ihre eigenen Massengräber ausheben lassen und sie gezwungen, sich auf die bereits Erschossenen zu legen und sie dann selbst erschossen. Inzwischen hatten sie mit dem Vergasen begonnen.

Himmler sprach in seiner Rede offen von der „Ausrottung des jüdischen Volkes". Und: „Von euch werden die meisten wissen, was es heißt, wenn hundert Leichen beisammenliegen, wenn 500 daliegen oder wenn 1000 daliegen. Und das durchgehalten zu haben und dabei, abgesehen von menschlichen Ausnahmeschwächen, anständig geblieben zu sein, hat uns hart gemacht und ist ein niemals genanntes und niemals zu nennendes Ruhmesblatt." Denn – so seine Logik – sie hätten die Reinheit der zukünftigen Rasse verteidigt.

Die Machbarkeit der Zukunft rechtfertigte in der Sicht der Nazis entschlossenes und konsequentes Handeln ohne „falsche Sentimentalitäten", wie die Nazis Mitleid und Mitmenschlichkeit nannten.

Heute hat die Entschlüsselung des menschlichen Genoms gezeigt, dass es bei Menschen keine Rassen gibt. Die genetischen Informationen, auf die jene wenigen sichtbaren Unterschiede zurückzuführen sind, aus denen damals – wie heute – die Zugehörigkeit zu einer bestimmten „Rasse" abgeleitet worden ist, etwa die Hautpigmentierung, die Augenstellung, die Form der Nase oder Ähnliches, machen nur einen winzigen Bruchteil der Gesamtinformationen aus, die das Aussehen, das Verhalten und die Intelligenz eines Menschen bestimmen. Die genetischen Unterschiede zwischen Geschwistern sind um ein Vielfaches größer als die geringen genetischen Unterschiede, die eine angebliche „Rasse“ von einer anderen unterscheiden. Es ist, wie wenn man die Nahrungsmittel nach ihrer Farbe einteilen wollte: Rote Grütze, Paprika, Erdbeeren, Rote Beete, Rotwein und Rotkohl in eine „Essensrasse“ und Weißwein, Weißkohl, Milch, Quark, Rettich, Vanilleeis, Hühnerbrust und Meerrettich in eine andere und darüber den Unterschied zwischen Meerrettich und Vanilleeis vergessen wollte. Genauso absurd wie diese Betrachtung der Lebensmittel nur nach ihrer äußeren Farbe ist die Einteilung der Menschen nach ihrer Hautfarbe oder ähnlichen Äußerlichkeiten in „Rassen“.

Der Grund, dass es auch heute noch Anhänger des Rassismus gibt, liegt also nicht an den wissenschaftlich überprüfbaren Gegebenheiten der genetischen Zusammensetzung des Menschen, sondern an den Bedürfnissen der Rassisten. Sie brauchen etwas, um ihr Bedrohungsgefühl zu erklären und um sich anderen gegenüber überlegen zu fühlen.

Damals, zu Zeiten der Nazis, war der Glaube an den bestimmenden Einfluss der Gene auf nahezu alle Verhaltensbereiche so weit verbreitet, dass für viele Menschen die Machbarkeit einer idealen Zukunft der Menschheit durch Zuchtauswahl einleuchtend schien. Zugleich erfüllte dieser Rassismus das weit verbreitete Bedürfnis, sich überlegen zu fühlen und andere – irgendwelche möglichst fremde andere – als gefährlich und unterlegen hassen zu dürfen. Hitler hat solchen Hass frei gegeben und für zulässig, ja fortschrittlich erklärt. Nur so ist verständlich, dass Hitler so wenig Widerstand fand. Sein Glaube an die schier unbegrenzte Gestaltbarkeit der Welt war damals Allgemeingut.

Mit einem anderen Inhalt, einer anderen Begründung und völlig entgegengesetztem Ziel glaubten auch Lenin, Trotzki, Stalin und seine Zeitgenossen an die unbegrenzte Gestaltbarkeit der Welt. Nur meinten sie, diese nicht durch Zuchtwahl gestalten zu müssen, sondern durch die Veränderung der Produktions- und Eigentumsverhältnisse. Auch für sie galt der Einzelne nichts und Mitleid wurde als gefährliche Schwäche gesehen angesichts einer welthistorischen Möglichkeit, die Menschheit insgesamt zu retten. „Sozialismus oder die Barbarei“ war die damals glaubwürdige Alternative angesichts des wachsenden Einflusses der Faschisten in der damaligen Welt. Die damals gegenwärtige Generation konnte und musste geopfert werden für die ideale Zukunft der Menschheit. Nur so ist verständlich, dass sich Millionen von Kommunisten bereitwillig in die Lager transportieren und abschlachten oder zu Tode arbeiten ließen und dabei immer noch Stalins Lob sangen. Nur so ist verständlich, dass die Opfer der großen Schauprozesse sich selbst bezichtigten und auch ohne Folter Geständnisse auf sich nahmen, die völlig absurd waren. Ihnen leuchtete ein, dass sie sich zum Wohl des „Großen Ganzen“ zu opfern hatten.

Meine Eltern waren nur zwei von vielen Millionen Opfern dieses Machbarkeitswahns, dieser sozialtechnologischen Gestaltungswut. Sie sind genauso wie all die anderen als vernachlässigbare Größen benutzt worden, zu einem menschlichen Zement verrührt und als Baumaterial einer neuen Welt verarbeitet worden, meine Mutter als Kindergebärerin, mein Vater als Kriegshelfer und Arbeitssklave. Ihr eigenes Wohlergehen und Empfinden, ihr eigener Wille spielte keine Rolle. Sie hatten sich als Einzelne dem sozialtechnologischen Gestaltungsoptimismus zu unterwerfen.

Die altruistische Gesellschaft, die zuerst als die einzige vernünftige Konstruktionsweise für eine Gesellschaft erschien, als erstrebenswerte Alternative zu dem, was wir tagtäglich an Politik erfahren, stellt sich nun nach genauerer Betrachtung als der Vorhof zur Hölle und für ihre Opfer als die Hölle selbst dar.

Welche andere Möglichkeit hat der Engel namens Satan Gesellschaft zu konstruieren? Die altruistische Möglichkeit, in der sich die Gesellschaftsglieder einem zentralen Prinzip unterordnen und sich für dieses aufopfern, hat nicht recht funktioniert. Dann liegt es nahe, das Gegenteil zu probieren: Die egoistische Variante.

Die zweite Welt des Engels Satan: Die egoistische Gesellschaft

In ihr besteht die Gesellschaft aus lauter unabhängigen Untereinheiten, Individuen, Familien, Unternehmen, die nur das eigene Überleben und den eigenen Erfolg im Kopf haben und sich um die Anderen nur so weit scheren, wie es ihrem eigenen Vorteil dient. Es ist das Gegenteil von dem, was uns allen als das Gute gelehrt worden ist. Das ist der Vorteil beim Engel Satan, dass er keine Sünde und darum auch den Unterschied zwischen Gut und Böse nicht kennt.

Adam Smith ist der Prophet der egoistischen Gesellschaft. 1794 schrieb er in England sein Buch über „Den Reichtum der Nationen". Darin legte er die Grundlage für die Theorie des Liberalismus, der gegenwärtig – zweihundert Jahre später – wieder einmal die Welt dominiert. Der Gedanke ist einfach: Wenn jede Einheit ihr Wohlergehen steigert, geht es auch der Gesamtheit besser. Es ist das Prinzip: Rette sich wer kann. Jede Einheit sorgt für ihr eigenes Wohlergehen. Jede Einheit weiß für sich selbst am Besten, was für sie gut ist. Das Herr-und-Knecht-Problem der altruistischen Gesellschaft stellt sich nicht, denn jede Einheit ist ihr eigener Herr und Knecht zugleich. Alle Veränderungen der Wirklichkeit werden von denjenigen wahrgenommen, die sie direkt betreffen, und sie reagieren darauf in der für sie besten Weise. Jede zentrale Steuerung wäre da nur Umweg und potenzielles Hindernis.

Jede Einheit spezialisiert sich auf das, was sie am besten kann und tauscht den dadurch erzielten Überschuss gegen die Produkte anderer Spezialisten mit dem Ergebnis, dass die Gesellschaft insgesamt ihr Optimum erreicht. Die Summe der Weisheit des Adam Smith: Wie in einer durch eine unsichtbare Hand prästabilisierten (vorher programmierten) Harmonie produziert der Eigennutz den größten Nutzen für die größte Zahl. Anstatt einer einzigen Strategie, wie bei der organismischen Gesellschaft, gibt es viele Strategien. Einige Strategien scheitern. Aber wenn einzelne Einheiten untergehen, bedroht das die Gesamtheit nicht so, wie wenn die Gesamtstrategie einer ganzen Gesellschaft schief geht.

Der Engel Satan müsste seine kleine Modellgesellschaft so bauen, dass jedes ihrer Mitglieder einen eigenen Willen hat und vor allem das eigene Überleben im Kopf. Eine solche Ansammlung von Egoisten mit recht unterschiedlichen Interessen hätte nämlich einen weiteren Vorteil gegenüber der altruistischen, organismischen Gesellschaft: Sie wäre multistabil, d.h. sie hält einer Vielzahl unterschiedlichster Attacken stand, weil es immer wenigstens ein paar Einheiten gibt, die dagegen gewachsen sind. Auch im schlimmsten Fall überleben einige Einheiten und schaffen die Grundlage für eine Wiedergeburt.

Mark Twains Engel Satan lehrt damit die erste unmoralische Erkenntnis über Gesellschaft: kleine, allein auf ihren Vorteil und ihr Überleben ausgerichtete, egoistische Einheiten geben einer Gesellschaft größere Chancen auf Erfolg. Das zeigt sich ganz deutlich, wenn man die kleine egoistische Experimentalwelt einige Generationen laufen lässt und ihre Geschichte betrachtet: Von allen Gesellschaftsformen ist die egoistische bisher am erfolgreichsten gewesen. Sie hat alle anderen Gesellschaften überlebt und überflügelt, hat sich die Welt erobert und ist heute als kapitalistische Marktwirtschaft die Siegerin über alle anderen Gesellschaftsformen.

Von den Nachteilen der egoistischen Gesellschaft

Dieser Sieg fordert enorme Opfer, die wenig bekannt sind und kaum besungen oder beklagt werden. Denn sie gelten als die Verlierer und Versager. Das Prinzip „Rette sich wer kann“ funktioniert über den Markt. Jede Einheit verkauft eine Ware, eine Dienstleistung oder die eigene Arbeitskraft. Nur so kommt sie an das Geld, mit dem sie sich selbst versorgen und ihr Überleben gestalten kann. Wem es nicht gelingt, etwas zu verkaufen, der kann auch nichts kaufen. Der ist dem Untergang geweiht, wenn es keine Hilfe von außen gibt. Das ist das erste Gesetz der Marktwirtschaft. Wer nichts verkaufen kann, kann auch nichts kaufen:

In den Industriegesellschaften kommen 5 bis 20% der Menschen in einer Gesellschaft dauerhaft in die Situation, dass sie nichts verkaufen können. Es trifft Behinderte, vor allem geistig Behinderte, ältere, wenig qualifizierte Menschen, die vom Arbeitsmarkt lange vor dem Rentenalter ausgesondert werden, Frauen, vor allem Alleinerziehende mit mehreren Kindern, die vom Arbeitsmarkt nicht angenommen werden. Niemand kauft ihre Arbeitskraft. Sie müssten ohne Solidarleistungen der Gesellschaft verhungern. Und in vielen Teilen der Welt verhungern sie tatsächlich.

Außerhalb der Industrieländer, im Rest der Welt, sind es Milliarden, die nichts zu verkaufen haben. Wenn sie „Glück" haben, leben sie außerhalb der Marktwirtschaft von dem, was der Boden hergibt. Doch immer häufiger ist der Boden ausgelaugt, ausgetrocknet oder zu viele müssen von seinen kümmerlichen Erträgen leben. Die neuen genmanipulierten, ertragreichen Sorten, der Kunstdünger und die Insektizide sind nur gegen Geld zu haben. Der Hunger, die Mangelkrankheiten, Minderwuchs und Epidemien auf dem Land sind häufig so unerträglich, dass Eltern Kinder in Schuldsklaverei verkaufen. So können sie wenigstens für einen Teil ihrer Kinder die dringendsten Bedürfnisse befriedigen.

Immer mehr fliehen vom Land in die Slums der Städte. Dort wühlen sie sich durch den Müll, betteln oder konkurrieren für geringstes Entgelt um die wenige Lohnarbeit, die es gibt. In der Folge sterben jedes Jahr viele Millionen Kinder und Erwachsene an Hunger und vermeidbaren Krankheiten. Die egoistische Gesellschaft produziert in wenigen Jahren mehr Leid und Opfer als die Diktaturen von Hitler und Stalin in einem halben Jahrhundert durch Krieg, Lager und Verfolgung. Die egoistische Gesellschaft zeigt dabei keine Grausamkeit, keine Brutalität. Sie foltert nicht, treibt die Menschen nicht in Viehwagons und verschickt sie nicht in Ghettos und Lager. Sie treibt sie nicht in Todesmärschen durch das Land. Sie schickt sie nicht in sibirische Lager oder in die Gaskammern. Die egoistische Gesellschaft produziert ihre Millionen Opfer jedes Jahr einfach durch Wegsehen.

Das ist eine rein moralische Argumentation, die den Engel Satan weder beeindruckt noch interessiert, denn er kennt weder Gut noch Böse. Ihn interessiert alleine: Funktioniert die Gesellschaft? Sichert sie ihre eigene Weiterexistenz und ihr Überleben auch in einer sich schnell wandelnden Welt? Und das trifft für die egoistische Gesellschaft nach allem, was wir wissen, eindeutig zu. Sie hat alle heißen und kalten Kriege, alle Wirtschaftskrisen, alle Streikaktionen und all die anderen Krisen eines mehrere Jahrhunderte währenden Klassenkampfes triumphal überlebt. Die Kommunisten haben ständig ihren Untergang prophezeit. Untergegangen sind sie selbst.

Die egoistische Gesellschaft hat für Viele einen nie zuvor gekannten Wohlstand produziert. Heute leben die Ärmsten in Deutschland auf einem Lebensniveau, von dem die Reichsten des Mittelalters, selbst ein König, nicht zu träumen gewagt hätten: Fenster mit Glasscheiben, Zentralheizung, Kühlschrank, Fernseher, Radio, Musik und Frischobst zu allen Tages- und Jahreszeiten. Die Fürsten des frühen Mittelalters lebten in zugigen, ständig kalten Schlössern, bekamen im Winter Skorbut und mussten sich Musiker und Narren zur Unterhaltung leisten.

Die egoistische Gesellschaft hat – wie keine andere Gesellschaft – Unterschiede eingeschmolzen und dort, wo Menschen über Zahlungskraft verfügen, zuvor ungekannte Entfaltungsmöglichkeiten geschaffen. Die egoistische Gesellschaft will nur verkaufen. Geld und Profit sind höchst demokratisch und vorurteilsfrei. Sie schauen nicht auf Herkunft, Hautfarbe, Überzeugung oder Geschlecht. Wer zahlt, dem wird geliefert. Das Problem, würde der Engel Satan argumentieren, ist nicht die egoistische Gesellschaft. Das Problem ist, dass sie sich noch nicht über die ganze Erde verbreitet hat. Die vielen Millionen Hungertoten sind nicht der egoistischen Gesellschaft anzulasten, sondern ihrer ungenügenden Durchsetzung.

Da ist aber noch ein zweites, nicht allein moralisches Problem, das der Engel Satan mit seiner egoistischen Gesellschaften lösen muss: In allen Gesellschaften gibt es Probleme und Lebensbereiche, die nicht über den Markt erledigt werden können. Dazu gehört beispielsweise das Liebesbedürfnis.

Von den Propagandisten der Marktwirtschaft als Lösung aller Probleme wird zwar behauptet, auch die Liebe erledige sich nach dem Prinzip von Angebot und Nachfrage. Sie meinen, was nichts kostet, ist nichts wert. Und natürlich kostet Liebe etwas: Zeit, Nerven, Geschenke, Herzschmerz. Doch Liebe ist gerade dadurch gekennzeichnet, dass sie nicht Leistung mit Gegenleistung verrechnet. Sie ist Hingabe. Sie erwächst nicht aus Kalkulation und ist nicht zu kaufen, nicht einmal vorherzusehen. Das gilt für die Elternliebe wie für die geschlechtliche Partnerschaft, ohne die Gesellschaft nicht existieren kann. Das gilt auch für das Netzwerk von Freundschaften und Verwandtschaft. In ihm treffen wir auf ein marktfernes Gewebe von Unterstützung, Zuneigung, gemeinsamen Aktivitäten. Ohne dieses Gewebe von Beziehungen könnten wir nicht aufwachsen. Wir könnten kein emotional ausgeglichenes Leben führen. Ohne diesen Bereich, der oft Zivilgesellschaft genannt wird, weil er weder der Ökonomie noch Staat und Politik angehört, könnte unsere Gesellschaft nicht überleben. Denn Kinder und Freundschaft sind keine Marktprodukte und können unter nur egoistischen Bedingungen nicht überleben.

Schwer wiegender noch: Was für die Einzelnen gilt, gilt erst recht für die ganze Gesellschaft. Sie kann nicht leben ohne Solidarität. Das Hineinwachsen der Kinder in die Gesellschaft erfordert von ihr eine nicht-egoistische, gemeinsame Leistung zur Organisation von Erziehung, Schule und eines behüteten und behütenden Gemeinschaftslebens. Allfällige Krankheiten, Unfälle, Brand und Diebstahl sind Risiken, die nicht von den Einzelnen alleine getragen werden können, sondern nur durch solidarische Verteilung auf Viele.

Darüber hinaus muss die Gesellschaft als Ganzes sich vor gemeinsamen Gefahren schützen: Katastrophen, Seuchen, Kriege. Sie muss ein Rechtssystem entwickeln mit unabhängigen und unbestechlichen Organen der Rechtsprechung. Sie muss Polizeikräfte vorhalten, die ihre Gesetze durchsetzt und die Urteile der Justiz vollzieht. Wenn Polizei und Justiz käuflich sind, bricht auch der Markt zusammen. Denn der braucht die Eigentumsgarantie, die Gültigkeit von Verträgen. die Gewaltfreiheit und Bestandsgarantien beim Aushandeln von Preisen und Vertragsbedingungen.

In vielen Gesellschaften sind private Anbieter nicht fähig, die notwendigen gemeinschaftlichen Leistungen zu erbringen, etwa Straßen, Schulen, Krankenhäuser, Forschungseinrichtungen zu bauen und zu unterhalten, die Menschen mit sauberem Trinkwasser zu versorgen und ihren Abfall und ihre Exkremente hygienisch zu entsorgen. Das sind nur die einfachsten Beispiele für das häufige Versagen der egoistischen Gesellschaft.

In ihrer Reinform ist die egoistische Gesellschaft nicht überlebensfähig. Das ist ein Einwand, der unseren Engel Satan beeindruckt. Anders als das moralische Argument, die egoistische Gesellschaft produziere mehr Leid und Tote als alle Diktaturen, wird hier das Erfolgskriterium für Gesellschaften berührt. Wenn sie nicht überlebensfähig sind, müssen sie verändert werden. Der Engel Satan muss seine kleine egoistische Gesellschaft umbauen.

Die ideale Gesellschaft: Die Mischform von altruistischer und egoistischer Gesellschaft

Als Grundprinzip kann das egoistische „Rette sich wer kann“ für die meisten Gebiete der Gesellschaft beibehalten werden, denn es funktioniert besser und liefert den meisten Mitgliedern der Gesellschaft punktgenauer das, was sie brauchen, als ein fürsorglich planender Staat. Doch die marktwirtschaftliche Organisation muss überall dort, wo sie nicht funktionieren kann oder notwendige Leistungen nicht im notwendigen Umfang erbringt, durch nicht-marktwirtschaftliche Prinzipien und Organisationsformen ergänzt werden.

Die Entscheidung darüber, was in Ergänzung der Marktwirtschaft vom Ganzen geleistet werden muss und wie das geschehen soll, ist das, was man Politik nennt. Den Apparat, der die nicht-marktwirtschaftlichen Leistungen erbringt, nennt man Staat.

Der Staat ergänzt die Marktwirtschaft um ihre gesellschaftliche Dimension, macht sie gesellschaftsfähig, indem er sie zuletzt doch noch altruistischen Prinzipien unterwirft. Das Ergebnis ist die soziale Marktwirtschaft. Das Wort „sozial" klingt in der Alltagssprache nach mildtätig und helfend. Dabei heißt es nichts anderes als „gesellschaftlich". Eine soziale Marktwirtschaft ist nicht etwa eine mildtätig helfende, sondern eine gesellschaftlich ausgerichtete Marktwirtschaft, die sich jenseits der Ökonomie um das Funktionieren der Gesellschaft als Ganzes kümmert und dabei überall dort regelnd eingreift, wo die Marktwirtschaft nicht die gewollten Ergebnisse bringt. Die soziale Komponente darf niemals die Marktwirtschaft selbst in Frage stellen, sich zur Planwirtschaft entwickeln, denn damit würde sie die Kuh schlachten, von deren Milch – sprich Steuern – sie lebt.

In jeder Gesellschaft gibt es Lebensbereiche, die weder Teil der Ökonomie noch Teil der Politik und ihres Staates sind. Wenn die Menschen weder arbeiten noch Politik machen, bewegen sie sich in dem, was man Zivilgesellschaft nennt, in der Intimsphäre des Privaten, in der Familie und im Freundeskreis, in Vereinen und in der Öffentlichkeit. Auch dort herrschen nicht die Gesetze von Angebot und Nachfrage oder die Regeln der Politik, sondern es gelten kulturelle Normen, die festlegen, was moralisch richtig und falsch ist, was dem guten Geschmack entspricht, was künstlerisch wertvoll und was ein gutes und gelungenes Leben ausmacht.

Das erste Resultat des amoralischen Spiels des Engels Satan war, dass der Eigennutz ein besserer Berater bei der Gestaltung von Gesellschaft ist als der Altruismus und die Aufopferung für ein angebliches Gemeinwohl. Das zweite Resultat ist, dass der Eigennutz alleine nicht trägt. Es geht nicht ohne gemeinsame

Aktivitäten und Kommunikation jenseits des Marktes. Es geht nicht ohne die Zivilgesellschaft. Und es geht auch nicht ohne eine übergreifende Instanz, die sich um die Lösung für gemeinsame Probleme jenseits des Marktes kümmert. Das ist die Politik. Das heißt: Ohne Politik geht es nicht!

Dann stellt sich die Frage nach der Konstruktion einer idealen Gesellschaft anders als noch am Anfang dieses Kapitels. Denn jetzt wissen wir, dass sie hauptsächlich nach dem Prinzip des „Rette sich wer kann" funktionieren muss, ergänzt durch einen gemeinschaftlichen Bereich, der durch Politik gestaltet wird. Statt „Welches ist die beste Gesellschaft?" lautet die Frage nun „Was ist die beste Politik?" Denn sie muss die ungewollten Folgen des „Rette sich wer kann" in der Wirtschaft ausgleichen und entscheidet somit über die Güte einer Gesellschaft.

Zweites Kapitel

Die Milliarden Leben des Kolumbus – oder: Das Verhältnis von Politik und Wahrheit

Zurück zu der Geschichte von Mark Twain über den geheimnisvollen Fremden: Der Engel Satan hat sich mit den Jungs in dem österreichischen Dorf des Mittelalters so angefreundet, dass er ihnen einen Gefallen tun will. Er bietet ihnen an, das Leben eines ihrer besten Freunde zu seinem Besten zu verändern. Die Jungs stimmen begeistert und dankbar zu und malen sich schon aus, wie ihr Freund groß herauskommen wird. Dann erklärt der Engel Satan, wie er das Leben von Nikolaus, ihrem Freund, verändern wird: „In zweieinhalb Minuten wird Nikolaus aus seinem Schlaf erwachen und merken, dass der Regen zum offenen Fenster hereinbläst. In seinem bisherigen Leben war es ihm vorherbestimmt, dass er sich umdrehe und er wieder einschlafe. Aber ich habe bestimmt, dass er aufstehen und das Fenster schließen wird. Durch diese Kleinigkeit wird sich sein Lebenslauf vollständig ändern. Er wird am nächsten Morgen zwei Minuten länger schlafen als es ihm durch die bisherige Verkettung der Lebensumstände vorbestimmt war und deshalb wird keins der Glieder der bisherigen Verkettung mehr stimmen." Nikolaus, erklärt der Engel Satan weiter, werde deswegen zwölf Tage später um Sekunden zu spät an einem See ankommen, in dem ein kleines Mädchen treibt und um Hilfe schreit. Nikolaus werde sich ins Wasser stürzen und hinausschwimmen, um das Mädchen zu retten. Ohne die Verzögerung wäre er gerade recht gekommen und hätte sie im noch niedrigen Wasser gerettet. So werde sie bereits ins Tiefe hinausgetrieben sein und beide werden ertrinken.

„Was soll denn daran ein Vorteil sein?" protestieren die entsetzten Freunde und flehen den Engel Satan an, alles beim Alten zu lassen. Der Engel Satan klärt sie auf: „Wenn Nikolaus früher an den See gekommen wäre, hätte er zwar das Mädchen retten können, doch er hätte sich dabei eine Lungenentzündung und dann in seinem geschwächten Zustand eine so schwere andere Krankheit zugezogen, dass er für weitere sechsundvierzig Jahre blind und gelähmt im Bett gelegen und jeden Tag nur um seinen baldigen Tod gebetet hätte. Und das gerettete Mädchen hätte nach einem Leben voller Elend als Mörderin auf dem Schafott geendet. Da tue ich beiden mit einem frühen Tod einen großen Gefallen!" Fassungslos stimmen die Jungs dem Engel Satan zu und bitten ihn um die versprochene tödliche „Verbesserung".

Schwierigkeiten mit der Zukunft

Was hat diese Geschichte mit der Frage zu tun „Was ist die beste Politik?", mit der das vorangegangene Kapitel endete? Die Geschichte vom „besseren" Leben des Nikolaus handelt auf die für Mark Twain typisch verquere Art von den Schwierigkeiten beim Wissen um die Zukunft und damit von den Schwierigkeiten der Politik. Denn wie verändert der Engel Satan das gesamte Leben zweier Menschen? Durch ein offenes Fenster, durch das es hereinregnet. Nikolaus, der sonst durchgeschlafen hätte, wird durch den Regen geweckt und steht auf, um das Fenster zu schließen. Diese wenigen Sekunden, diese absolut zufällige und banale Kleinigkeit verschiebt das Zusammenspiel und Zusammentreffen von Ereignissen und erzeugt eine neue Kette von Ursachen und Wirkungen.

Der Engel Satan erklärt das seinen irdischen Freunden so: „Das Leben ist nicht göttlich vorbestimmt, sondern durch das Zusammenwirken von eigenen Handlungen und Umwelt. Die erste Handlung bestimmt die Zweite und alle anderen, die folgen. Aber nimm einmal an, dass ein Mensch eine der Handlungen auslässt, eine anscheinend völlig unbedeutende – zum Beispiel. Nimm an, es sei ihm festgelegt, das er zu einer bestimmten Zeit, zu einem bestimmten Bruchteil einer Sekunde an den Brunnen geht und er macht das nicht, dann wird von diesem Zeitpunkt an sein Leben ein völlig anderes. Bis zu seinem Grab wäre es ein anderes als das, was seine ersten Handlungen als Baby für ihn festgelegt hätten. Es könnte sein, dass er zum König geworden wäre, hätte er den Gang zum Brunnen nicht ausgelassen, dass er aber nun als Bettler endet. Oder Kolumbus: Wenn er auch nur eine seiner vielen Handlungen ausgelassen hätte, die durch seine ersten kindlichen Handlungen entworfen und unvermeidlich gemacht worden sind, dann hätte er als armer Priester irgendwo in Italien geendet, ohne je Amerika gesehen zu haben und Amerika wäre erst zweihundert Jahre später entdeckt worden. Ich habe die Milliarden möglichen Lebensläufe von Kolumbus alle gründlich untersucht. Und nur in einem Einzigen von ihnen kommt Amerika vor." Die Milliarden Leben des Kolumbus zeigen die Schwierigkeiten der Politik. Politik versucht, Zukunft zu gestalten. Wenn Zukunft so sehr vom Zusammenspiel winziger Kleinigkeiten und Banalitäten abhängt, dann ist Politik ein schwieriges Unterfangen.

Im Rückblick erscheint das eingetretene Leben als das einzig Mögliche und Vernünftige und nichts liegt ferner als der Gedanke einer unüberschaubaren Zahl völlig unterschiedlicher möglicher Lebensverläufe. Noch absurder erscheint es, diese könnten durch kleinste, völlig unwesentlich erscheinende Verschiebungen im zeitlichen Zusammenspiel banaler Ereignisse erzeugt werden. Aber: Wenn ich morgens auf dem Weg zur Arbeit den Schlüssel stecken lasse und deshalb zurück muss vom Auto, um ihn zu holen, merke ich von dem Unfall, in den ich geraten wäre, wenn ich wie sonst pünktlich gewesen wäre, nur den Stau, in den ich gerate und den ich als verdammtes Pech verfluche.

Genau so ist das auch in der Politik. Ein Beispiel: Am Abend des 8. November 1923 – am Höhepunkt der Geldentwertung durch den verlorenen Ersten Weltkrieg (ein Brot kostete mehrere Millionen Reichsmark), am Höhepunkt der innen- und außenpolitischen Wirren (es hatte mehrere gescheiterte Aufstandsversuche der Kommunisten und Putschversuche der Rechten gegeben, die Franzosen waren ins Ruhrgebiet einmarschiert) – erklärte Adolf Hitler bei einer Massenkundgebung im Münchner Bürgerbräukeller die Bayerische, die Reichsregierung und den Reichspräsidenten zugleich für abgesetzt. Am nächsten Tag, einem der vielen bedeutsamen 9. November der deutschen Geschichte, inszeniert Hitler mit seinen Anhängern und noch prominente Figuren des Ersten Weltkrieges einen „Marsch auf Berlin". Damit folgte er dem Vorbild der italienischen Faschisten, die mit ihrem „Marsch auf Rom" die Macht in Italien erobert hatten. Schon nach wenigen hundert Metern, in München an der Feldherren-halle, stießen die Marschierer auf einen Trupp regierungstreuer Polizisten. Die forderten die Putschisten auf, sich zu ergeben oder es werde geschossen. Als Hitler und seine Mannen weitermarschierten, feuerte die Polizei und tötet sechzehn Mann. Hitler hätte einer von ihnen sein können. Sein Nebenmann wurde getroffen und riss ihn stürzend nieder. Dabei verletzte Hitler sich leicht. Die Kugel verfehlte ihn nur um Zentimeter. Die Zeitungen hätten von seinem „tragischen Tod" berichtet und die Geschichte wäre eine andere geworden. Es ist nur die Verschiebung des Gewehrlaufes um ein paar Millimeter, eine genauso kleine und banale Veränderung wie das offene Fenster in der Geschichte von Nicklaus.

Die Geschichte, die tatsächlich stattgefunden hat und die uns heute wie naturgegeben erscheint, ist wie die Milliarden Leben des Christopher Kolumbus nur eine von Milliarden möglichen Geschichtsverläufen. Hier nur eine der denkbaren Alternativen: Hitlers Tod bringt die linken und rechten Putschisten zum Aufgeben. Die Weimarer Republik stabilisiert sich. Sie findet eine breite Basis in der Bevölkerung. Außenpolitisch gelingt der Weimarer Koalition ein immer engeres Bündnis mit den USA. Gemeinsam setzen sie gegen die europäischen Mächte eine Revision der Versailler Verträge durch. Die Reparationszahlungen werden annulliert. Das Deutsche Reich wird zu einem normalen, allseits anerkannten Mitglied des Völkerbundes. Dort wird es zum wichtigen Sprecher eines breiten antistalinistischen Bündnisses, unter dessen Druck die Sowjetunion sich 1928 zu einer demokratischen, aber weiterhin sozialistischen Gesellschaft reformiert. In der Weltwirtschaftskrise ist sie dann die einzige Gesellschaft, die nicht in die Krise gerät. Sie wird deshalb zum allseits bewunderten Vorbild. Immer mehr Länder übernehmen ihr Modell einer demokratisch kontrollierten Wirtschaft und so verbreitet sich in den Vierzigerjahren der demokratische Sozialismus über die ganze Welt. Diese – heute fantastisch klingende – Alternative hatte die gleiche Wahrscheinlichkeit, Wirklichkeit zu werden, wie das, was wir heute als Wirklichkeit kennen.

Das Ganze wird noch komplizierter durch unsere Willensfreiheit. Es spielt nämlich nicht nur der Zufall, wie bei Nicklaus oder beim Flug einer Gewehrkugel, eine Rolle im Wirrwarr der Verkettungen von Ursache und Wirkung. Wir haben die freie Wahl. Wir können uns für oder gegen eine Handlung entscheiden.

Wieder ein Beispiel aus der Geschichte: Adolf Hitler, der unverletzt blieb am 9. November 1923, feierte als Diktator jedes Jahr sein Überleben. Immer am 8. November abends kehrte er in den Münchener Bürgerbräukeller zurück und hielt dort, an derselben Stelle, an der er damals den Putsch ausgerufen hatte, eine Rede an seine Anhänger. Am 8. November 1939, Hitler hatte seinen Krieg gegen die ganze Welt schon begonnen, hatte ein mutiger Einzelgänger von der Schwäbischen Alb, Georg Elser, ein Attentat vorbereitet. Er hatte in die Säule, vor der Hitler jedes Jahr immer zur gleichen Zeit sprach, eine Bombe mit Zeitzünder versteckt, der genau auf den Zeitpunkt der Rede eingestellt war. Mit dem Attentat wollte Georg Elser „den Krieg verhindern“, wie er später vor der Gestapo aussagte.

Hier kommt der freie Wille ins Spiel: Hitler entschied sich zuerst, wegen seiner Kriegspläne ausnahmsweise in diesem Jahr überhaupt nicht zu reden. Statt seiner sollte sein Stellvertreter, Rudolf Heß, sprechen. Dann entschied sich Hitler wieder um und beschloss, doch zu reden. Er wollte eine grundsätzliche Rede halten. Wegen des schlechten Flugwetters wurde die Rede vorverlegt und war viel kürzer als sonst. Als die Bombe dann zum normalerweise richtigen Zeitpunkt explodierte und alle im Umkreis der Säule tötete, war Hitler bereits auf dem Weg zum Flughafen. Die Willensfreiheit

Hitlers rettete ihm das Leben und zerstörte in der Folge vielen Millionen anderen das ihre.

Die Willensfreiheit der Menschen macht ihre Handlungen noch weniger vorhersehbar und damit das Zusammenspiel der Milliarden von möglichen Leben noch komplexer. Das eine Leben, das Wirklichkeit wird, das wir tatsächlich leben, erscheint im Nachhinein als das einzig logische, oft genug als das einzig mögliche Leben selbst dann, wenn in ihm zum Beispiel ein Lottogewinn oder das zufällige Zusammentreffen mit einer Jugendliebe eine entscheidende Rolle gespielt hat. Diese Wahrnehmungsverschiebung macht uns blind für die schwer vorstellbare, verborgene Welt dessen, was hätte sein können. Wir ahnen sie nicht einmal mehr, die unendlichen Variationen des Möglichen. Solange das Mögliche aber noch nicht wirklich geworden ist, gilt die ganze weite Welt des Möglichen. Also immer, wenn es darum geht, Zukunft zu gestalten, also immer wenn es um Politik geht, stehen wir vor einem unendlichen Feld von Möglichkeiten.

Die nicht beabsichtigten Folgen zielgerichteten Handelns

Politik ist zielgerichtetes Handeln. Bei zielgerichteten Handlungen kommt es wegen der unüberschaubaren Breite möglicher Entwicklungen immer zu unvorhergesehenen, nicht beabsichtigten Folgen. Die Probleme von heute sind die Folgen der Lösungen von gestern. Wir entwickeln das Auto, um schneller von A nach B zu kommen. Und als nicht beabsichtigte Folge unseres zielgerichteten Handelns stehen wir im Stau.

Wie kann man unter solchen Bedingungen Politik machen? Politik soll und muss Gefahren abwehren, Probleme lösen, die Zukunft voraussehen und die Gesellschaft gegen Bedrohungen schützen. Doch Planen ist in einer freien Gesellschaft schier unmöglich. Denn in einer Gesellschaft nach dem Prinzip „Rette sich, wer kann!“ haben die Menschen große Handlungsfreiheit. Die meisten Ereignisse in einer Marktwirtschaft entstehen unbeeinflusst von Politik durch die Entscheidungen der Marktteilnehmer. Waren werden nach freier Entscheidung gekauft und verkauft. Politik soll aber dennoch die Folgen dieser nicht steuerbaren Prozesse auffangen. In einer Marktwirtschaft ist die Komplexität der Probleme und die Vielfalt der Variablen so gigantisch, dass diese Aufgabe unlösbar ist. Politik kann unter solchen Umständen nur Flickschusterei sein. Sie kann zwar zielgerichtet handeln, muss sich aber immer klar sein, dass die Variablen unüberschaubar sind, das Zusammenspiel der Ereignisse weder vorhersehbar noch steuerbar ist. Es wird immer zu nicht beabsichtigten Folgen zielgerichteten Handelns kommen. Dabei gilt Murphys Gesetz: „Nichts ist idiotensicher, denn die Idioten sind zu einfallsreich.“ Das heißt, der Zufall macht auch das extrem Unwahrscheinliche möglich. Und wenn es möglich ist, tritt es irgendwann ein – vielleicht schon morgen.

Mark Twains Engel Satan lehrt mit seiner Geschichte von den Milliarden Leben des Kolumbus die zweite unmoralische Erkenntnis über Gesellschaft: Politik kann gar nicht mit der Wahrheit dienen. Das Eintreffen ihrer Versprechungen und Planungen liegt nur zu einem kleinen Teil in ihrer Hand. Die nicht beabsichtigten Folgen ihres zielgerichteten Handelns holen sie immer ein. Es kommt immer und unausweichlich zu Krisen. Man kann sich nur bemühen, sie zu mildern. Selbst dann wird es unvorhergesehene und unerwünschte Folgen geben. Und auch um diese wird man sich kümmern und wieder neue, nicht beabsichtigte Folgen produzieren. Und so weiter bis in die Unendlichkeit.

Politik kann somit kein souveränes Planen nach vernünftiger Einsicht sein, wie man es so gerne hätte. Politik ist immer ein Durchwurschteln, zielgerichtet zwar, aber immer mit unbeabsichtigten Folgen, die wieder neues Durchwurschteln erzwingen. Da wird auch Wahrhaftigkeit zum Problem. Wenn man als Politiker um der Ehrlichkeit willen nur sagen soll und darf, was man wirklich weiß, ist man zu genau den vagen Aussagen verurteilt, für die Politiker immer kritisiert werden. Wenn Politiker das sagen wollten, was wir gerne hören, müssten sie lügen.

Wie viel Wahrheit ist möglich in der Politik?

Es gibt noch ein weiteres, schwergewichtigeres Problem mit der Wahrheit in der Politik. Zwar wäre es das Beste, wenn eine Gesellschaft von der Wahrheit regiert werden könnte. Wer die Wahrheit hat, hat die Zukunft. Deshalb hat es in der Geschichte der Menschheit immer wieder Versuche gegeben und wird es vermutlich immer neue Versuche geben, eine Gesellschaft im Namen der Wahrheit zu gestalten. Beunruhigend ist allerdings, dass alle Gesellschaften, die im Namen der Wahrheit angetreten sind, zu Terrorgesellschaften wurden. Zum Beispiel die Vertreter der religiösen Wahrheit: Die Inquisition verfolgte mit Folter und Verbrennung jede Abweichung von der von der Kirche festgelegten Wahrheit. Mit heiligen Kriegen und Kreuzzügen fielen Islam und Christentum übereinander her. Die christlichen Eroberer massakrierten, versklavten und entwürdigten die „Heiden“ in der ganzen von ihnen „entdeckten“ Welt. Auch in Europa verheerten die Religionskriege nach der Reformation das Land wie kein anderer Krieg zuvor und danach.

Dann die Vertreter der philosophischen Wahrheit: Die französische Revolution hat mit ihrer Göttin der Vernunft in Wirklichkeit das Fallbeil zur Gottheit erhoben. Der Kommunismus, angetreten zur Befreiung der Menschheit, hat in den Ländern, in denen er die Politik bestimmte, viele Millionen Menschen gefoltert, in Lager geworfen, ihre Leben zerstört und Hunderttausende ermordet.

Denn wenn jemand glaubt, die Wahrheit zu haben, muss es selbstverständlich und logisch erscheinen, die Wahrheit auch gegen den Widerstand derjenigen durchzusetzen, die sich der Wahrheit verschließen. Das ist die große Gefahr der Wahrheit, wenn man sie zu haben meint. Die Frage ist, ob sie überhaupt zu haben ist?

Konstruktivismus: die Lehre von der ungewissen Sicherheit

Die Wahrheit über die Welt, wie sie wirklich ist und sich entwickeln wird, kann vermutlich weder durch Vernunft noch Wissenschaft ermittelt werden. Denn Vernunft und Wissenschaft entwerfen Theorien und Modelle. Sie können immer nur die Tauglichkeit der Modelle prüfen, nicht die Wirklichkeit selbst erkennen. Wenn ein Modell taugt, zukünftige Entwicklungen der Wirklichkeit vorherzusagen, wenn es dazu taugt, eine Rakete auf den Mond zu bringen, ist es allen Beteiligten egal, ob das Modell die Verhältnisse der Wirklichkeit wiedergibt oder nicht. Es funktioniert.

Modelle sind wie Landkarten. Bei allen Modellen werden die Teile, die für den Zweck der Modelle unwichtig sind, weggelassen. Landkarten sind Modelle von Landschaften. Man kann sie zusammenfalten und in die Tasche stecken. Man kann auf ihnen Probehandlungen ausführen und so den kürzesten Weg herausfinden. Modelle haben den Vorteil der besseren und übersichtlicheren Handhabbarkeit. Modelle bilden deshalb nur den Teil der Wirklichkeit ab, der für den Zweck wichtig ist, für den das Modell konstruiert worden ist. So werden bei einer Straßenkarte die Straßen überbetont. Autobahnen sind dort so breit wie sonst ganze Städte. In der Straßenkarte sind dafür die anderen Elemente der Landschaft unwichtig. Sie können vernachlässigt werden. Bei einer Wanderkarte dagegen will man die Details der Landschaft finden, die Orientierungspunkte und die Markierungen der Wanderwege. Jetzt sind Autobahnen unwichtig. Für ein Modell ist es also gar nicht wichtig, wie die Wirklichkeit selbst genau aussieht. Es geht um Relevanz nicht um Genauigkeit. Die Karte des öffentlichen Nahverkehrs in Berlin ist zum Beispiel ganz schematisch und stimmt überhaupt nicht mit den wirklichen Entfernungen und Lageverhältnissen der Stadtteile überein. Dennoch funktioniert sie als Modell sehr gut, denn sie zeigt, mit welchen Bussen und U-Bahnen man wo hin kommt und wo man umsteigen muss. Das sind die Informationen, die man braucht. Alles Andere würde Verwirrung stiften.

Ähnlich ist es mit der „Wahrheit“ in den Naturwissenschaften. Nehmen wir als Beispiel die Entwicklung der Kosmologie, der Lehre über die Gestalt unserer Welt. Das früheste Modell der Erde als Scheibe ist von der Wissenschaft längst widerlegt. Dennoch benutzen wir es täglich weiter. Denn es funktioniert. Alle Landkarten sind Flächenprojektionen und wenn wir von Berlin nach Wien fahren wollen, planen wir die Reise als ob die Erde eine Scheibe wäre. Erst wenn wir um die halbe Erde fliegen wollen, macht es Sinn, die Erde als Kugel zu behandeln. Dann ist der kürzeste Weg zwischen entfernten Punkten die Linie eines Kreises, dessen Mittelpunkt im Erdmittelpunkt liegt. Auf dem Atlas müssten wir von Frankfurt nach Los Angeles über Paris fliegen. Auf dem Globus führt die kürzeste Route weit nördlich von Paris Richtung Grönland.

Dass sich die Erde um die Sonne dreht, ist für uns nur zur Erklärung der Jahreszeiten wichtig. Aber selbst dafür würde das alte Ptolemäische Modell mit der Erde als Mittelpunkt der Welt noch taugen. Erst wenn wir Raketen zu fernen Planeten schicken wollen, brauchen wir das heliozentrische Modell unseres Sonnensystems. Die neuesten Modelle der Physik sind schon längst jenseits der sinnlichen Vorstellungskraft. Sie sind nur noch als mathematische Modelle darstellbar. Und auch sie werden sich weiter verfeinern und umgestaltet werden.

Alles spricht dafür, dass wir nicht einmal in den Naturwissenschaften die Wirklichkeit erfassen können, wie sie wirklich ist, sondern uns ihr mit immer verfeinerteren Modellen beständig nähern. Diese Erkenntnis nennt sich in der Philosophie „Konstruktivismus“. Philosophen und Sozialwissenschaftler wie Peter Watzlawick und Ernst von Glasersfeld (siehe Literaturverzeichnis) haben viele skeptische Traditionen der Philosophie aufgenommen und daraus eine handhabbare Philosophie entwickelt. In ihr wird die Möglichkeit von Wahrheit nicht ausgeschlossen. Es kann gut sein, dass Gott den Frommen die Wahrheit offenbart. Weil es aber so viele unterschiedlich Fromme gibt, erscheint es sinnvoller so zu tun, als ob niemand die Wahrheit hätte, sondern alle nur über mehr oder weniger wirklichkeitstaugliche Modelle verfügen.

Das gilt erst recht für die Politik. Sie muss einerseits, um handlungsfähig zu sein, davon ausgehen, dass ihre Modelle und Zukunftsprognosen stimmen. Sie muss sich aber andererseits gleichzeitig immer klar machen, dass diese Sicherheit höchst ungewiss ist. Da gibt es keine Planeten, die über Milliarden Jahre stetig ihre Bahnen durch das All ziehen. In ihr gibt es nur die Milliarden Leben des Kolumbus. Statt berechenbarer Bahnen hat es Politik mit breit gestreuten Wolken möglicher Entwicklungen zu tun. Mit solchen Wolken der Wahrscheinlichkeit muss Politik leben. Das verstärkt die Unbestimmtheit ihrer Aussagen. Wer ehrlich ist, kann nur einen Korridor der möglichen Entwicklungen angeben und muss dabei noch die nicht beabsichtigten Folgen seines zielgerichteten Handelns bedenken.

Freiheit: Die Erlaubnis zur Dummheit

Wenn die Wahrheit nicht zu haben ist, ist die erste Lehre, die Politik daraus ziehen muss, dass sie Raum bieten muss für eine Vielzahl von Lebensentwürfen. Sie muss sich aus den inhaltlichen Festlegungen zurückziehen und ein Höchstmaß an Toleranz üben. Denn der eine lebt hervorragend mit der Vorstellung, der Sinn des Lebens sei, es zu genießen. Der andere führt ein genauso gutes Leben mit der Vorstellung, der Sinn des Lebens sei, andere glücklich zu machen. Der Dritte führt sein ebenso glückliches Leben mit der Vorstellung, der Sinn des Lebens sei, durch geduldiges Leiden und Verzicht auf alle Vergnügungen Gottes Wohlgefallen und wahre Weisheit zu erlangen. Andere führen ein für sie befriedigendes, weil aufregendes Leben in stetigem Kampf um Anerkennung.

Die wenigen Beispiele zeigen, wie Modelle vom richtigen Leben einander entgegengesetzt und dennoch gleich wirklichkeitstauglich und beglückend sein können. Natürlich neigen alle Beteiligten dazu, ihr Wirklichkeitsmodell für das einzig Richtige zu halten, insbesondere wenn es sich offensichtlich bewährt hat. Der Asket, der durch Verzicht und Leiden zur Reinheit gelangen will, kann sich nicht vorstellen, dass ein Hedonist, der den Sinn des Lebens im Genuss sieht, genau so recht haben könnte wie er selbst. Stattdessen wird er ihn mit allen Mitteln bekämpfen. Jeder wird den anderen für einen charakterlosen Dummkopf halten und zur Gefahr für die Menschheit erklären.

Wenn es kein Mittel gibt, festzustellen, wer Recht hat, muss man unterschiedlichen Weltanschauungen Raum lassen. Das gilt für eine Unzahl von religiösen, philosophischen, wissenschaftlichen und esoterischen Positionen. Sie sind nicht widerlegt, manchmal nicht einmal widerlegbar, auch nicht bewiesen oder beweisbar. Sie funktionieren jedoch und geben den jeweiligen Anhängerinnen und Anhängern Gewissheit und Sicherheit. Sie sind nicht miteinander vereinbar und existieren dennoch gleichzeitig in einer Gesellschaft. Wenn eine von ihnen an die Macht gelangt und meint, die einzig Richtige zu sein, werden alle anderen unterdrückt und zur Ketzerei erklärt, mit verheerenden und grausamen Folgen für ihre Anhängerinnen und Anhänger.

Zwar hält jeder der Beteiligten seine Position für die Wahrheit und die der Anderen für Dummheit, weil das aber für alle gilt, folgt daraus, dass alle Menschen die Freiheit haben müssen, das zu tun, was in den Augen der anderen Dummheit ist. Das ist die wichtigste Lehre, die uns der Engel Satan, der keine Moral kennt, mit seiner Geschichte von den Milliarden Leben des Kolumbus vermitteln kann: Weil der Verlauf von Schicksalen vom unvorhersehbaren Zusammenspiel einer Milliarde von Ereignissen abhängt, von denen jedes für sich genommen banal und vernachlässigbar erscheint, kann es auch eine unendliche Menge wirklichkeitstauglicher Vorstellungen über die Wahrheit der Welt geben. Keine kann allgemeine Gültigkeit beanspruchen. Jede hat ihre Berechtigung auch dann, wenn sie für die anderen verwerflich, dumm und böse erscheint. Freiheit – hat Rosa Luxemburg formuliert – ist immer nur Freiheit der Andersdenkenden.

Viele meinen, Freiheit sei die Verpflichtung, das Richtige zu tun. Der Philosoph Hegel hat es so formuliert: Freiheit ist die Einsicht in die Notwendigkeit. Beides, das Richtige und das Notwendige, setzt voraus, dass man verbindlich erkennen kann, was das Richtige und das Notwendige ist. Die Milliarden Leben des Kolumbus und die dem entsprechenden Milliarden möglichen Modelle der Welt schließen ein allgemeinverbindliches Modell der Welt aus. Dann muss man die Formulierung von Rosa Luxemburg noch zuspitzen: Freiheit ist immer nur Freiheit, wenn sie die Erlaubnis bedeutet, das in den Augen anderer Dumme zu tun. Wenn man nicht das tun darf, was andere für dumm halten, ist es keine Freiheit. Eine wirklichkeitsgerechte Politik muss demnach Raum bieten für viele sich gegenseitig für dumm erklärende Weltanschauungen und für eine Vielheit möglicher Irrtümer.

Lehren für die Politik: Eine Ethik der ungewissen Sicherheit

Wie soll Politik unter solchen Bedingungen überhaupt noch handeln können, wenn sie sich weder richtig auf einen Inhalt einlassen, noch die Zukunft einigermaßen zuverlässig prognostizieren kann? Es gibt eine Antwort auf diese Frage. Denn aus all den Infragestellungen und Ungewissheiten folgen einige Prinzipien, an die sich jedes politische Handeln halten sollte.

Das grundlegendste und wichtigste Prinzip ist das Erweiterungsprinzip: Politisches Handeln sollte immer zu mehr und nicht weniger Handlungsmöglichkeiten führen. Dann können Politiker, wenn sie merken, dass sie einen Fehler begangen haben, die unerwünschten Folgen des Irrtums vielleicht noch ausgleichen. Haben sie aber so gehandelt, dass sich die Handlungsmöglichkeiten verengen, bleibt ihnen dazu auch weniger Spielraum. Das Musterbeispiel für extrem verengte Handlungsmöglichkeiten ist die Todesstrafe. Ist sie einmal vollstreckt, lässt sich der Irrtum nicht mehr reparieren. Auch bei einer Freiheitsstrafe kann ein Fehlurteil nicht mehr ungeschehen gemacht, die im Gefängnis verbrachte Zeit nicht mehr in eine Zeit der Freiheit verwandelt werden, aber viele Folgen des Irrtums können doch ausgeglichen werden.

Das nächstwichtige Prinzip ist das Hypothesenprinzip: Weil wir uns nicht sicher sein können über das, was wir sehen und wissen, weil es immer durch unsere Hoffnungen und Erwartungen verzerrt sein kann, müssen wir unsere eigenen Annahmen über die Wirklichkeit und ihre Entwicklung als Hypothesen behandeln und sie immer neu in Frage stellen.

Daraus folgt das Wissenschaftsprinzip der Politik: Hypothesen müssen sich ständig der Überprüfung und Widerlegung stellen. Das ist unbequem. Denn man neigt eher dazu, sich den Informationen zuzuwenden, die ins eigene Weltbild passen und es bestätigen. Die Ungewissheit unserer Annahmen muss uns aber zu einer wissenschaftlichen Haltung zwingen. Für gute Wissenschaft gilt, dass sie den eigenen Theorien widersprechende Tatsachen und Aussagen höchste Aufmerksamkeit und höchste Priorität gibt.

Aus allen Prinzipien zusammen folgt das Toleranzprinzip: Solange eine Position nicht den Menschenrechten widerspricht, muss sie geduldet werden, wenn sie auch allen sonstigen ethischen Prinzipien widersprechen sollte. Politik muss selbst Position beziehen. Sie muss andere Positionen dulden und ihnen den Raum zur Selbstverwirklichung und Selbstdarstellung sichern. Wie wichtig und gleichzeitig problematisch das ist, zeigt das nächste Kapitel.

Drittes Kapitel

Robinson und die Mutter in Bangladesh – oder: Die Grenzen der Freiheit.

Wenn Freiheit bedeutet, das tun zu dürfen, was andere möglicherweise für dumm, ungehörig oder gar böse halten, weil keine gemeinsame Vorstellung von der Wahrheit vorausgesetzt werden kann, stellt sich die Frage nach den Grenzen der Freiheit.

Im Prinzip ist die Antwort einfach. Jeder Mensch kann tun und lassen, was er oder – und wenn es in den Augen anderer Menschen noch so dumm ist – solange damit keine andere Person in ihrer Freiheit eingeschränkt und in ihren Rechten beeinträchtigt wird. Wenn der Mensch nur sich selbst schadet, ist das seine Freiheit, das Dumme zu tun. So haben es die Revolutionäre des 18. Jahrhunderts formuliert, die erstmals in Amerika 1776 und dann in Frankreich 1789 die Menschenrechte deklariert haben. Es scheint logisch unanfechtbar und gleichzeitig perfekt gerecht zu sein. Alle haben ihren Raum, über den sie selbst verfügen können, und daneben gemeinsame Räume, über deren gerechte Verwendung sie sich verständigen und einigen müssen. Untersucht man diesen Raum der Selbstbestimmung näher, verliert sich schnell der Schein der Gerechtigkeit. Je nach Lebenssituation ist er unterschiedlich groß. Das eine Extrem ist Robinson Crusoe, das andere z. B. eine Mutter von acht Kindern in Bangladesh.

Der Schriftsteller Daniel Defoe hat im 19. Jahrhundert die Geschichte erfunden von dem Schiffbrüchigen, dem das Glück alle Errungenschaften der Zivilisation auf seine Insel gibt. Ein Sturm hat ihn als Einzigen an Land geschleudert. Alle seine Mitreisenden sind tot. Mit ihm wurden die Reste des Schiffes und alle Werkzeuge, alle Baumaterialien, Gewehr, Pulver, ja sogar ein Fass Rum völlig intakt an den Strand gespült. So ausgerüstet, baut er sich sein kleines Universum. Weil es niemanden gibt, dessen Freiheit und Rechte er beeinträchtigen könnte, ist sein Reich der Freiheit durch keine

Rücksicht auf andere Menschen beschränkt. Allein die Grenzen der Insel, die Grenzen des Reichtums der Natur und die Grenzen seiner eigenen Fähigkeiten, beschränken für Robinson den Spielraum seiner Handlungen. So kann man Freiheit allgemein definieren und messen: Die Anzahl der in einem Moment zur Verfügung stehenden Handlungsmöglichkeiten.

Mit den Wellen der Brandung kämpfend mitten im nächtlichen Sturm, war die Anzahl der Handlungsmöglichkeiten sehr gering. Alles, was er tun konnte, war schwimmen oder untergehen. Also nur zwei Möglichkeiten, zwei Freiheitsgrade. Als er es geschafft hatte, auf festen Boden zu kommen, noch bevor er bemerkt hatte, was ihm alles vom Schiffsuntergang geblieben war, schien seine Freiheit nur darin zu bestehen, nach Wasser und Essbarem zu suchen, damit er nicht verdursten und verhungern würde. Immerhin blieben ihm einige Stunden, vielleicht sogar Tage, bevor er in eine lebensbedrohliche Sackgasse geraten würde, in der seine Freiheit gegen null gehen würde. Mit jedem Werkzeug und jedem Vorratsfass, das er am Strand fand, eröffneten sich für Robinson neue Freiheitsräume. Als er schließlich eine Höhle gefunden und sich davor eine Barrikade errichtet hatte, war er gegen wilde Tiere, Wind und Wetter gesichert. Mit seinen Werkzeugen und seinem Gewehr konnte er sich immer neue Möglichkeiten erschließen und sein Reich der Freiheit erweitern.

Karl Marx hat dem eine menschheitsgeschichtliche Perspektive gegeben: In dem Maße, in dem die Menschen immer bessere Möglichkeiten entwickeln, die Dinge des Lebens zu produzieren, müssen sie auch immer weniger Zeit auf ihre Produktion verwenden und der Zeitanteil, den sie für alternative Handlungen gewinnen, das „Reich der Freiheit", wächst. Im Kommunismus schließlich sollte es so groß werden, dass kaum mehr jemand auf eine Tätigkeit festgelegt ist und jeder morgens Kritiker, mittags Jäger und abends Musiker sein kann. Jeder trägt nach seinen Fähigkeiten bei zum Leben und erhält nach seinen Bedürfnissen. Das „Reich der Freiheit" ist dann beinahe grenzenlos.

Das „Reich der Freiheit" einer Mutter in Deutschland und in Bangladesh

Marx, der große Kritiker der Robinsonaden, hat in seiner Vorstellung vom Kommunismus die Robinsonade selbst auf die Spitze getrieben. Denn sobald es andere Menschen gibt, sieht die Situation anders aus: Nehmen wir als Gegenbeispiel zu Robinson zuerst eine Mutter in Deutschland mit zwei Kindern, mit Ehemann, mit Eltern, Schwiegereltern, Großeltern und Geschwistern samt ihren Familien. Sie steckt in einem weit verzweigten und engmaschigen Netz von Abhängigkeiten. Die Kinder sind auf sie angewiesen. Wenn sie sich einem zuwendet, fühlen sich die anderen zurückgesetzt und vernachlässigt. Ihr Mann ist auf sie angewiesen und von ihr abhängig, wie sie auf ihn angewiesen und von ihm abhängig ist. Ihre Eltern und Großeltern zerren an ihr, wollen Aufmerksamkeit und Gehör. Sie belehren sie, wie sie ihre Kinder zu erziehen habe. Die Kinder ihrer Geschwister kommen zu ihr mit ihren Sorgen. Die Schulkameraden ihrer Kinder verbringen viel Zeit in ihrem Haus zusammen mit den Kindern der Nachbarn. Wird jemand in der Nachbarschaft krank oder braucht Hilfe, muss sie einspringen. Manchmal spät abends, wenn alle Kinder im Bett sind und der Mann einen Termin außer Haus hat, bleiben ihr einige Minuten für sich. Das ist ihr „Reich der Freiheit". Überall sonst schränkt sie mit allem, was sie tut, die Handlungsmöglichkeiten von Menschen ein, weil diese in allem, was sie tun, von ihr abhängen. Wendet sie sich einem zu, bedeutet es Abwendung von anderen. Lässt sie die Kinder selber machen, bleiben sie möglicherweise in ihrer Entwicklung stecken und in ihren Möglichkeiten beschränkt. Kümmert sie sich intensiv um sie, sind sie möglicherweise überversorgt und verhätschelt, lernen keine Selbstständigkeit und sind erst recht in ihren Entwicklungsmöglichkeiten eingeschränkt.

Ständig stößt sie an die Rechte und Freiheitsräume anderer. Wenn sie ihr eigenes Leben führen, ihre Freiheit erleben will, fühlen sich vielleicht andere verraten. Wenn sie die Freiheit ihrer Familie stärken will, fühlen sich möglicherweise ihre Eltern ausgeschlossen.

Wenn sie alle Rechte und Freiheitsräume der Menschen um sie her respektieren, blieben ihr selbst keine Freiheiten. Und dabei steckt sie noch ständig in dem Dilemma der Milliarden Leben des Christopher Kolumbus. Mit ihren kleinsten Handlungen bestimmt sie Lebensperspektiven, ohne wissen zu können, was richtig, was falsch ist, welche Folgen welche Handlungen später einmal haben werden.

All dies wird um ein vielfaches schlimmer, wenn wir uns eine Mutter in Bangladesh in einer landlosen Bauernfamilie vorstellen. Sie hat schon acht Kinder oder wird bald acht Kinder haben, möglichst acht Jungs. Vier sterben wahrscheinlich bevor sie erwachsen werden. Dann bleiben vier, die das Erwachsenenalter erreichen und mit ihrer Arbeit die Eltern im Alter versorgen können. Deshalb muss die Frau acht Kinder gebären; und dies ohne medizinische Versorgung. Denn die kann sich die Familie nicht leisten. Die Frau ist ihrem Mann auf Gedeih und Verderb ausgeliefert. Sie konnte ihn nicht einmal aussuchen. Sie hat ihn am Tag der Hochzeit zum ersten Mal gesehen und das war gleichzeitig der Tag, an dem sie ihre Geschwister, ihre Mutter und ihren Vater, alle ihre Freunde, die ganze ihr bekannte Welt verlassen und in die ihr unbekannte Welt ihres Mannes ziehen musste. Dort muss sie arbeiten, Tag und Nacht. Für die Schwiegermutter, für den Mann, für den Schwager, für die Schwägerin und deren Kinder, für ihre Kinder. Neben der Hausarbeit muss sie sich für Tagelöhnertätigkeiten verdingen. Die Nachbarschaft und die Familie, an die sie durch ihre Heirat ausgeliefert worden ist, überwacht jede ihrer Handlungen. Sie wird an den traditionellen Regeln gemessen. Jede auch noch so kleine Abweichung wird erbarmungslos bestraft.

Das Brauchtum legt für sie und ihren Mann fest, für Mitgift und Hochzeit ihrer Töchter hohe Summen auszugeben. Für Mitgift und Hochzeitsfeiern muss ihr Mann beim dörflichen Geldverleiher für mehrere Hundert Prozent Zinsen einen Kredit aufnehmen, den er nie abzahlen wird. Die Schulden wachsen und wachsen und irgendwann muss sie eines oder mehrere ihrer Kinder dem Kreditgeber in

Zinsknechtschaft geben. Der lässt sie für zwölf und mehr Stunden in seiner Ziegelei schuften, misshandelt sie und belästigt sie sexuell, verweigert ihnen den Schulbesuch und verrechnet ihre Arbeitsleistung nur mit Pfennigbeträgen gegen die Schuldenlast der Familie. Mit jeder Tochter, die der Mutter in Bangladesh geboren wird, wird die Katastrophe größer. Darum sieht sie sich gezwungen, neu geborene Mädchen sofort zu ersticken. Wird sie erwischt, wird sie auch dafür hart bestraft. Und überall lauern Gefahren, die sie noch tiefer in die Krise treiben können. Kommt der Monsun, droht er mit seinem Hochwasser alles Hab und Gut und auch das Leben der Familie zu vernichten. Bleibt er aus, gibt es eine schlechte Ernte, keine Arbeit und damit Hunger. Der Hunger und die einseitige Ernährung treibt den Kindern den Bauch auf und schwächt ihre Immunabwehr. Krankheiten lauern überall. Arztrechnungen und Medikamente kann sich die Familie nicht leisten. Es würde die Zinsknechtschaft weiter verschlimmern. Bildung und Entwicklungsmöglichkeiten gibt es weder für die Frau noch für ihre Kinder. Ein Raum der Freiheit ist für die Frau nicht existent.

Die materiellen Grenzen der Menschenrechte

Was bedeuten in einer solchen Situation die Menschenrechte? Artikel 1 der am 10. Dezember 1948 von der UNO beschlossenen Allgemeinen Erklärung der Menschenrechte verkündet: „Alle Menschen sind frei und gleich an Würde und Rechten geboren. Sie sind mit Vernunft und Gewissen begabt und sollen einander im Geiste der Brüderlichkeit begegnen." Aus der Logik der gleichen Rechte folgt die goldene Regel, dass jeder und jede nur so viel an Freiheit und Rechten für sich beanspruchen kann bis er oder sie die Rechte und Freiheiten anderer beeinträchtigt. Das wird mit der Aufforderung zur Brüderlichkeit noch unterstrichen.

Für die Frau aus Bangladesch wäre es erstaunlich, wenn sie erführe, dass sie nach Meinung der UNO die gleichen Rechte, Freiheiten und Würde wie ihr Mann hat. Sie weiß es besser. In ihrer Gesellschaft haben die Männer das Sagen. Für sie wäre auch Artikel 2 Hohn und leere Rhetorik: „1. Jeder Mensch hat Anspruch auf die in dieser Erklärung verkündeten Rechte und Freiheiten ohne irgendeine Unterscheidung, wie etwa nach Rasse, Farbe, Geschlecht, Sprache, Religion, politischer oder sonstiger Überzeugung, nationaler oder sozialer Herkunft, nach Eigentum, Geburt oder sonstigen Umständen." Erst recht fände sie Artikel 3 überraschend: „Jeder Mensch hat das Recht auf Leben, Freiheit und Sicherheit der Person." Wo sollte dieses Recht herkommen? Wer bezahlt ihr die Medikamente und den Arztbesuch damit sie ihr Recht auf Leben einlösen kann? Wer schützt sie gegen die Übergriffe ihres Mannes und ihrer Schwiegereltern damit ihr Recht auf Sicherheit der Person Wirklichkeit werden könnte. Dazu bräuchte die Frau in Bangladesch soziale Rechte, wenigstens ein eigenes ausreichendes Einkommen, die Möglichkeit zu Bildung für sich und ihre Kinder und eine medizinische Grundversorgung und – vor allem – den Schutz gegen die Macht der Männer. Die Menschenrechte mit ihrer Bestimmung der Freiheitsgrenze sind offensichtlich keineswegs universelle Wirklichkeit oder gar für alle gleich.

Freiheit als Freiheit des Geldes

Mit Geld kann man sich Freiheit kaufen. Denn wer sich mit Geld aus unmittelbaren zwischenmenschlichen Abhängigkeiten lösen kann, verfügt über einen ungleich größeren Freiheitsraum als all diejenigen, die von anderen abhängig oder von denen andere abhängig sind. Die Grenzen der Freiheit werden nicht durch die Menschenrechte bestimmt, sondern durch das Geld und seine Fähigkeit seine Besitzer aus zwischenmenschlichen Bindungen herauszuhalten.

Bei einem Freiheitsbegriff, in dem die Grenzen der Freiheit durch die Rechte der Anderen definiert sind, nehmen sich immer mehr Menschen Robinson zum Vorbild. Man muss dazu nicht in einen

Sturm geraten und mit seinem Schiff an den Klippen einer verlassenen Insel zerschellen. Geld genügt. Viel Geld. Dann kann man sich einen Freiheitsraum erkaufen, in dem man auf Rechte und Ansprüche anderer Menschen überhaupt nicht trifft. Howard Hughes, ein extrem menschenscheuer amerikanischer Milliardär, schaffte es, in seinem Penthouse das Leben eines Robinson zu führen. Er konnte sich mit seinem Geld alles leisten, musste dazu nie einen Menschen treffen. Seine Wünsche äußerte er per Telefon oder auf Zetteln. Man reichte ihm das Gewünschte durch ein Schleusensystem. Er hat die Robinsonade zur Perfektion gebracht.

Das Geld als optimales Mittel zur Befreiung von menschlichen Abhängigkeiten schafft eine verkehrte Welt. Das Geld, ursprünglich da, um nützliche Güter zu kaufen, wird zum Selbstzweck. Denn es verschafft Freiheit von Abhängigkeit. Da mehr Geld mehr Freiheit verspricht, fallen alle Beschränkungen zur Vermehrung des Geldes. Die Freiheit der Geldvermehrung bekommt höhere Bedeutung als die Freiheit der Menschen. Erst wenn eine möglichst ungehemmte Vermehrungschance des Geldes gegeben ist, kommt es zur heilsamen Wirkung: Der Investition. Sie schafft Arbeitsplätze, sie erhöht das Steueraufkommen, sie erzeugt Einkommen für Viele.

Und so gerät die Politik einer Gesellschaft, die auf eine Kombination von Eigennutz und Altruismus setzt, unweigerlich in die Klemme: Um gemeinnützige Angelegenheiten erledigen zu können, muss sie zuerst den Eigennutz fördern. Um die Freiheit der Menschen gewährleisten zu können, muss sie, zuerst dem Geld die Freiheit lassen – und droht dabei den eigentlichen Zweck ihres Handelns, die Freiheit der Menschen, zu verfehlen. Das ist die eigentliche Gefahr in der Politik unserer Zeit, dass der Zweck der Politik, das Wohlergehen der Menschen, über dem Mittel zu diesem Zweck, der Förderung der Wirtschaftskraft der Unternehmen, verloren geht.

Eines kann man sich mit Geld nicht kaufen: menschliche Zuwendung. Aber Liebespartner, Kinder, Verwandtschaft, Freunde schaffen Abhängigkeiten und schränken die Freiheitsräume ein. Deshalb ziehen immer mehr Menschen in den Industrieländern die Freiheit in Einsamkeit der Abhängigkeit in Nähe vor. Es wird weniger geheiratet, es werden weniger Kinder geboren, Verwandtschaftsverhältnisse verlieren an Bedeutung und Bindungskraft, Beziehungsfähigkeit wird seltener. Das ist eine Erfahrung, die von all denjenigen, die in der DDR aufgewachsen sind, intensiv erlebt wird. In der DDR waren viele Waren und Dienstleistungen nicht über den Markt zu haben. Lieferschwierigkeiten, Knappheit und eingeschränktes Angebot in vielen Bereichen zwangen die Menschen in eine gegenseitige Abhängigkeit und zu einer Nähe, die in einer funktionierenden Geld- und Warengesellschaft die Ausnahme ist. Wenn man an eines der guten Bücher kommen wollte, die es nur in kleinen Auflagen gab, die sofort vergriffen waren, dann musste man sich mit seinem Buchhändler gut stellen. Wer Bückware – die unter dem Verkaufstisch versteckten Raritäten – haben wollte, musste sich mit dem Händler oder Handwerker gut stellen. Nach Wende und Währungsunion verschwanden diese Notwen- digkeiten und mit ihnen auch die Nähe und das Vertrauen, das in ihnen steckte. Die Geldgesellschaft hat mit ihrer Freiheit zugleich viel Einsamkeit und Leere gebracht.

Die Freiheit der Menschen gegen die Freiheit des Geldes

Diese Tendenz wird verstärkt durch den Siegeszug des Liberalismus. Alle Probleme lassen sich demnach auf Geldprobleme reduzieren. Denn alle Probleme lassen sich angeblich durch den Markt lösen. Man muss dem Markt nur alle Fesseln abnehmen, wirkliche Freiheit des Geldes herstellen, dann werden sich alle gesellschaftlichen Probleme ohne Zutun der Politik wie von alleine lösen.

Wie wir am Beispiel der Frau in Bangladesh oder der Mutter hier gesehen haben, ist Freiheit aber nicht nur ein Marktgeschehen. Freiheit ist abhängig von der materiellen Ausstattung der Menschen. Deshalb hat das Bundesverfassungsgericht in einem Urteil in den Fünfzigerjahren die Politik verpflichtet, ein Gesetz zu erarbeiten, das gewährleisten sollte, dass alle Menschen in der Bundesrepublik wenigstens so gut materiell versorgt sind, dass sie ihre Freiheitsrechte überhaupt nutzen können, dass sie über einen Freiheitsraum verfügen und damit die Würde des Menschen beanspruchen können. Das Resultat war das Bundessozialhilfegesetz, dessen erster Paragraph die Würde des Menschen als Ziel und Mindestgrenze der Hilfe definiert.

Freiheit kann nur existieren, wenn Menschen materielle Bedingungen vorfinden, die ihnen Handlungsalternativen lassen. Diese Minimalgrenze der Freiheit gilt es für viele Menschen erst noch zu erobern.

Viertes Kapitel

Die braven Folterer – oder: Die notwendigen Grenzen von Macht und Herrschaft

Sie sitzen an einem Pult und schwitzen. Vor Ihnen 30 Schiebeschalter. An jedem Schieber steht eine Voltzahl von 15 bis 450. Darüber Beschriftungen, mit denen die Schieber in vier Gruppen eingeteilt sind: „Leichter Schock“, „Mittlerer Schock“, „Schwerer Schock“ und „XXX“. Von dem Pult führen Starkstromkabel zu einem elektrischen Stuhl im Nebenraum. Dort ist ein anderer Mensch angeschnallt, den Sie vor wenigen Minuten zum ersten Mal getroffen haben. Beide nehmen Sie an einem Versuch über Lernen und Gedächtnis teil. Beide haben Sie in der Lokalzeitung eine Anzeige gelesen. Für einen durchschnittlichen Stundenlohn wurden Teilnehmer gesucht. Beide haben Sie sich gemeldet und nun sitzen Sie da und schwitzen. Und der andere sitzt dort und schreit.

Man hatte Lose gezogen und so war der andere zum „Schüler“ und Sie zum „Lehrer“ geworden. So kam der eine auf den elektrischen Stuhl und Sie hinter den Pult mit den Schiebern. Sie wissen nichts über den anderen. Er ist Ihnen eigentlich sympathisch. Er war freundlich vorhin bei der Begrüßung. Und nun sitzt er im Nebenraum und schreit. Man hatte Ihnen und dem anderen gesagt, es gehe darum zu testen, ob das Erinnerungsvermögen und die Lernfähigkeit von Menschen durch Strafen besser würden. Der „Lehrer“ sollte dem „Schüler“ Wortpaare vorlesen wie „Wind“ und „Norden“, „Grill“ und „Wurst“. Die sollte der „Schüler“ sich merken. Dann – so hatte der Versuchsleiter aufgetragen – sollte der „Lehrer“ nur den ersten Teil des Wortpaares sagen und der „Schüler“ den zweiten Teil ergänzen. Schaffte er das nicht, sollte der „Lehrer“ den ersten Schieber betätigen und damit dem „Schüler“ einen Stromschlag versetzen und ihm dann die richtige Lösung sagen. Machte er wieder einen Fehler, solle der nächste Schieber hochgeschoben werden bis an den Anschlag, damit ein höherer Stromschlag den

„Schüler" zu einer verbesserten Gedächtnisleistung motiviere. Auch wenn der Schüler zu lange warten oder überhaupt nicht auf die Frage reagiert, sollte das wie ein Fehler behandelt und jedes Mal mit einem stärkeren Stromstoß geahndet werden. Bevor das Experiment richtig losging, wurde Ihnen, dem „Lehrer", ein schwacher Stromstoß von 45 Volt versetzt, damit wurde klar, was Sie dem anderen antun werden.

Dann hatte das Experiment begonnen. Der „Schüler" war anfangs sehr lernfähig. Dann gab es die ersten Fehler. Die Stromstärke erhöhte sich Schritt für Schritt. Ihnen, dem „Lehrer", kamen erste Bedenken, denn aus dem Nebenraum war ein sich verstärkendes Grunzen zu hören. Beim fünften Schock (75 V) hatte der „Schüler" zu stöhnen begonnen. Bei 150 Volt hat er erstmals darum gebeten, das Experiment abzubrechen. Da wandten Sie sich erstmals an den Versuchsleiter und fragten, ob man jetzt abbrechen könne. Doch der saß ruhig und wie nicht beteiligt da und sagte: „Das Experiment macht es erforderlich, dass Sie weitermachen." Sie haben weitergemacht. Bei 165 Volt kam der erste Schrei. Bei 180 Volt brüllte der „Schüler" aus dem Nebenraum: „Ich halte diese Schmerzen nicht mehr aus! Aufhören!" Jetzt sind Sie schon bei über 200 Volt. Sie schwitzen und schauen immer wieder zu dem Versuchsleiter hinüber. Sie schwitzen immer stärker. Sie möchten den Versuch gerne abbrechen. Der Versuchsleiter antwortet ernst und beinahe unbeteiligt: „Die Versuchsanordnung macht es notwendig, dass Sie weitermachen." Sie fragen die nächsten Wörter ab. Der „Schüler" antwortet nur noch mit schwacher Stimme. Einige Male sind die Antworten richtig. Doch dann macht er wieder einen Fehler. Jetzt ist der nächste Schieber dran. Sie fürchten sich vor dem nächsten Schrei. Sie schauen wieder zum Versuchsleiter hinüber. Der sitzt immer noch in seinem Stuhl wie unbeteiligt, beinahe gelangweilt und schaut ins Leere. Sie schreien jetzt auch: „Das ist doch unmenschlich. Ich höre jetzt auf." Der Versuchsleiter sagt ruhig, ohne den Schwitzenden anzusehen: „Sie haben keine Wahl. Sie müssen weitermachen."

Werden Sie weitermachen? Werden Sie den nächsten Schieber betätigen? Was meinen Sie? Wären Sie selbst so weit gegangen wie in diesem Text? Wären Sie ein braver Folterer oder würden Sie ausbrechen, sich weigern und den Versuch abbrechen?

So theoretisch gefragt, entscheiden sich die meisten gegen das Mitmachen. Viele behaupten von sich, dass sie schon bei den ersten Schmerzenslauten den Versuch abbrechen würden. Schließlich seien sie keine sadistischen Folterknechte, sondern zivilisierte Menschen.

Was macht uns zu braven Folterern?

Doch zu Nazi-Zeiten haben viele Millionen Menschen mitgemacht beim Foltern, Erschlagen, Quälen, Erschießen, Vergasen von vielen Millionen Juden, Roma, Polen, Russen, Ukrainer, Homosexuellen, Christen, Linker, Widerständler und Kriminellen. Waren alle diese willigen Helfer Böse und Sadisten? Die Dokumente und Gerichtsverfahren zeigen das Gegenteil. Die meisten der Täter waren ganz normale Menschen. Männer, die im zivilen Leben liebevolle Väter und Ehemänner waren, verhielten sich in den KZs, in den Einsatzgruppen oder als Bewacher in den Kriegsgefangenenlagern der Ostfront wie Barbaren, Sadisten und menschliche Teufel: unbarmherzig, grausam und niederträchtig. Niemand hat die KZ-Wärter zu ihrer Arbeit gezwungen. Niemand hat die Bewacher der Kriegsgefangenen-Lager, in denen Russen und Polen zu Millionen zu Tode gehungert wurden, zu Ihrer Arbeit gezwungen. Sie konnten sich auf andere Posten versetzen lassen. Vielleicht wären sie an die Front gekommen, wo alle anderen waren. Aber es gab keinen echten Befehlsnotstand mit der tödlichen Alternative: „Tu deine Folterarbeit oder du wirst selbst erschossen!" Und doch machten sie mit. So wie mein Vater. So wie Millionen andere.

Nach dem Zweiten Weltkrieg meinte man, das läge an der besonderen Geschichte der Deutschen. Sie hatten sich ihre Freiheit nicht in einer Revolution erkämpft wie die Amerikaner, Franzosen und Engländer. Den Deutschen sei die Demokratie und Einheit von oben „geschenkt“ worden, von Bismarck und dem preußischen König, der sich dafür zum Kaiser machen ließ. Sie hätten nie gelernt – so heißt es in der Theorie vom deutschen „Sonderweg“ –, in einer streitbaren Gesellschaft für ihre eigenen Überzeugungen einzustehen, sondern seien als Untertanen in einer Gemeinschaft der verordneten Harmonie aufgewachsen. Deshalb neigten die Deutschen viel häufiger zu einer „autoritären Persönlichkeitsstruktur“, die sie gehorsam jeden Befehl befolgen lasse, egal welchen grausamen und unmenschlichen Inhalt er habe.

Für eine solche Annahme, dass es menschlichere und unmenschlichere Nationen gibt, spricht einiges. Die Nazis fanden im Zweiten Weltkrieg sehr unterschiedliche Unterstützung bei ihrem grausamen Geschäft. Es gab Nationen, unter denen viele Menschen den Deutschen bereitwillig beim Morden und Foltern geholfen haben (z. B. Rumänien und Polen). Und es gab andere, in denen die Deutschen kaum Helfer fanden oder sogar auf breiten Widerstand stießen, (z.B. in Dänemark und Bulgarien). Gegen diese Annahme von den Nationalkulturen spricht die Beobachtung, dass es in allen Ländern Menschen gab, die den Nazis Widerstand leisteten und den Verfolgten halfen. Man konnte demnach auch bei ungünstigstem kulturellem Hintergrund sich als Person für das Gute und Menschliche entscheiden.

Damit wird es zu einer der wichtigsten Frage für das Funktionieren von Gesellschaften, was einzelne Menschen dazu bringt, sich für Mitmenschlichkeit und Hilfe und gegen das Foltern zu entscheiden. Viele Forscher beschäftigten und beschäftigen sich auch heute noch mit dieser Frage. Die meisten meinten, es liege an der Erziehung. Wenn die Eltern ihre Kinder schlugen, ihnen keine Gründe für Verbote nannten, sondern einfach Anweisungen gaben, wenn sie nur mit Tadel und Strafe und selten mit Lob und Zuwendung erzogen, dann – so die Theorie von der autoritären Persönlichkeit – mussten so erzogene Kinder unweigerlich auch als Erwachsene zu gehorsamen Menschen, zu braven Folterern werden. Anhänger anderer Theorien meinten, es läge am gesellschaftlichen Klima. Wenn die Kinder und Erwachsenen um sich her Zivilcourage erleben und Unabhängigkeit und Eigenständigkeit gesellschaftlich hoch angesehen sind, wirke das als Vorbild und präge die gesamte Gesellschaft. Wenn Untertanengeist zu Aufstieg und Erfolg führe und Unabhängigkeit bestraft werde, komme dabei auch eine duckmäuserische Gesellschaft zu Stande.

Die grausamen Ergebnisse des Milgram-Experiments

In den Sechzigerjahren führte eine Gruppe um Stanley Milgram in den Vereinigten Staaten, im Stammland der Demokratie und Zivilcourage, eine Reihe von Versuchen durch, die alle diese Konzepte in Frage stellten. Die Gruppe gab in einer kleinen Universitätsstadt in Neu England eine Anzeige auf, in der die weltberühmte Yale-Universität gegen geringe Bezahlung Teilnehmer an einem Versuch über das Lernen suchte. Wer sich meldete, geriet als „Lehrer" hinter das Pult mit den Schiebeschaltern mit dem schreienden Mann im Nebenzimmer. Denn die Lose am Anfang waren getrickst. Auf beiden stand „Lehrer". Die Schreie kamen vom Tonband und es gab keine elektrische Schocks. In Wirklichkeit ging es in dem Experiment auch nicht ums Lernen unter Strafe. Es sollte vielmehr die Bereitschaft von Menschen getestet werden, brave Folterer zu sein. Man wollte herausfinden, wie weit normale Menschen gehen würden, wenn man ihnen ohne Zwang nur unter der Autorität des weißen Labormantels und der universitären Wissenschaft Anweisungen zum Foltern gab.

Milgram fragte 40 Psychiater einer führenden medizinischen Hochschule in den USA, Experten also mit viel Menschenkenntnis und Erfahrung mit Sadisten, Paranoiden und anderen Menschen mit extremen Neigungen und Sichtweisen. Sie sollten schätzen, wie viele ganz normale Menschen bis zu der tödlichen Stärke von 450 Volt gehen würden. Die Psychiater waren sich einig, dass die Masse der

Versuchspersonen bei 150 Volt aufhören würde – zu dem Zeitpunkt, wenn das Opfer erstmals darum bittet, aus dem Raum befreit zu werden. Im Durchschnitt schätzten sie, dass nur vier Prozent aller Versuchspersonen dem Opfer weiterhin Elektroschocks verabreichen würden, selbst wenn es nicht mehr auf die Fragen des Schülers reagieren würde (im Versuch trat diese Situation bei 300 Volt ein). Weniger als ein Prozent der Versuchspersonen würde nach der Einschätzung der Psychiater bis zur höchsten Voltzahl von 450 Volt gehen. Da waren sich die Psychiater einig.

Was schätzen Sie? Wie viele gehen bis 450 Volt? Wie weit würden Sie gehen, wenn ein Wissenschaftler sich durch die Schreie nicht beunruhigt zeigt und Ihnen ruhig versichert, dass Sie keine andere Wahl haben, als weiterzumachen? Als die Versuchspersonen in einer Variante des Versuchs gebeten wurden, selbst vorauszusagen, wann sie aufhören würden, meinten alle, dass sie schon bei niedrigen Voltzahlen aufhören würden.

Der Versuch ist in vielen Kulturen wiederholt worden. Auch in Deutschland. Man nahm fest an, dass die Deutschen besonders gehorsam sein würden. Weil der Versuch anfangs immer nur mit Männern durchgeführt worden war, wiederholte man ihn mit Frauen. Man nahm fest an, dass Frauen viel seltener bereit wären, andere Menschen zu quälen. Ob Deutsche, Amerikaner, Australier oder Frauen, überall machten über zwei Drittel aller Versuchspersonen mit bis zum Schluss. Sie hörten nicht bei 150 Volt auf, als das Opfer darum bat, den Versuch zu beenden. Sie hörten auch nicht bei 300 Volt auf, als das Opfer keinen Laut mehr von sich gab. Sie gingen die volle Strecke bis zu den tödlichen Stromstößen von 450 Volt.

Es gab keine wesentlichen Unterschiede zwischen den Kulturen oder Geschlechtern. Die Deutschen waren nicht schlimmer und die Frauen nicht besser als die anderen Menschen. Alle waren sie bereit, ihnen völlig unbekannte Menschen in einer völlig undramatischen Situation zu foltern – ohne jeden Anlass zu Rache, Hass oder sonstigen negativen Einstellungen gegen ihre Opfer, – einfach so, weil es eine gleichgültig vorgetragene Anweisung von einem Versuchsleiter im weißen Laborkittel gab. Sie taten es selten freiwillig und freudig. Sie mussten gedrängt werden. Sie schwitzten, protestierten, zitterten, begannen zu stottern, zeigten alle Zeichen von Stress. Doch wenn der Versuchsleiter ruhig blieb und sie mit gleichgültiger Stimme aufforderte, weiterzumachen, folterten dennoch über zwei Drittel brav weiter bis zum bitteren Ende. Auch die Wenigen, die vorher abbrachen, machten bis zu Voltzahlen mit, die keiner der Experten vorher für möglich gehalten hätte und die auch die Versuchsteilnehmer in ihrer Selbsteinschätzung vor dem Experiment weit von sich gewiesen hatten.

Wenn über zwei Drittel der Versuchsteilnehmer in unterschiedlichen Kulturen und in unterschiedlicher Zusammensetzung mitmachen, weshalb sollten wir eine Ausnahme sein? Wenn überall zwei Drittel und mehr bei dem Experiment bis zum Schluss mitmachen, sind wahrscheinlich auch zwei Drittel von uns, ja zwei Drittel in uns, bereit, bis zum Schluss zu gehorchen. Wenn wir Glück haben, ist das eine rebellische und mutige Drittel in uns gerade wach und auf dem Sprung, wenn wir in eine vergleichbare Situation geraten. Dann können wir hoffen, dass wir zum Helden werden und das Foltern verweigern.

Was ist es, was uns zu Helden oder Folterern machen könnte? Das ist eine zentral wichtige Frage. Denn die Antwort könnte man benutzen, um mit ihrer Hilfe Gesellschaften zu konstruieren, in denen so etwas wie bei den Nazis nicht mehr möglich wäre.

Sind es die Umstände oder die Persönlichkeit? Das herauszufinden, war Aufgabe der Milgram-Experimente. Ihr wichtigstes Ergebnis sollte sein, Bedingungen aufzuzeigen, unter denen alle Menschen das Foltern ohne großen Aufwand verweigern würden. Denn noch besser als eine Gesellschaft, die viele Helden hat, ist eine, die gar keine Helden braucht. Milgram hat die Versuchsbedingungen immer wieder verändert, um das herauszufinden:

Die Mitleidshypothese

Zuerst hat er auf Mitleid gesetzt. Er hat das Opfer zum Täter in den Raum geholt, es ihm gegenüber gesetzt und die Täter gezwungen, das Leiden, das sie zufügen, nicht nur zu hören, sondern direkt zu sehen. Tatsächlich sank die Bereitschaft zum Mitmachen bis zum bitteren Ende auf 40 Prozent, aber das war immer noch zu viel. Dann verschärfte Milgram die Bedingungen weiter. Das Opfer schüttelte in seinen Schmerzzuckungen die Elektroden ab und die Täter mussten sie ihm selbst wieder ankleben. Wieder sank die Bereitschaft bis zum Schluss zu gehen ein wenig. Dann mussten die Täter dem Opfer die Elektroden bei jedem Stromstoß selbst auf die Haut drücken. Selbst dann gingen noch 30 Prozent der Versuchsteilnehmer bis zum vermeintlich tödlichen Ende von 450 Volt.

Mitleid wirkt, aber lange nicht stark genug, um das Foltern ganz zu verhindern. Übertragen auf moderne Gesellschaften wäre Mitleid auch kaum ein geeignetes Mittel, um das Morden zu verhindern. In modernen Gesellschaften gibt es immer weniger Situationen, in denen man das Leiden noch selbst miterlebt, das man anderen zufügt. In modernen Kriegen sehen sich die Gegner kaum noch. Sie merken nichts vom Töten. Sie drücken Knöpfe, jagen Geschosse hoher Wirkungskraft in Planquadrate, in denen sie den Gegner vermuten oder per Radar geortet haben. Dort sucht sich die Waffe selbsttätig ihr Ziel. Es ist alles wie ein Computerspiel, das ohne Reue und Hass mit Geschick und höchster Aufmerksamkeit zur Perfektion, zur maximalen Trefferquote, gebracht wird. In der Wirtschaft teilt man dem Untergebenen, den man entlassen oder degradieren will auf große Distanzen mit Technik (Post, Telefon, Fax, e-mail, messaging) sein Schicksal mit, betont dass es nicht persönlich gemeint ist und man leider durch die Marktlage gezwungen ist. Da braucht man keinen Hass und kein Mitleid. Das wird ganz unpersönlich gemacht. Auch die gegnerische Firma wird indirekt erledigt. Da braucht man nie miteinander zu reden. Der Bankrott kommt über den Markt: Wenn man mit den Preisen unter die

Gestehungskosten des Konkurrenten gehen kann, ist es aus mit ihm, ohne dass man je ein Wort wechselt. Mitleid hat keine Chance.

Die Erziehungshypothese

Als Nächstes setzte Milgram auf Erziehung. Möglicherweise unterschieden sich die Gehorsamen von den Ungehorsamen durch ihre Erziehung und man könnte die Gesellschaft ändern, indem man einen Erziehungsstil förderte. Persönlichkeitstests und Erforschung der Lebensläufe zeigten bei den gehorsamen Versuchsteilnehmern tatsächlich eine stärkere Neigung zu autoritären Einstellungen. Sie hatten auch häufiger beim Militär gedient, hatten weniger Schuljahre hinter sich, arbeiteten häufiger in technisch-naturwissenschaftlichen Bereichen als in sozialen Berufen und waren im Durchschnitt jünger. Doch waren das lediglich statistische Unterschiede, d.h. sie zeigten im Nachhinein an, welche Eigenschaften bei den Gehorsamen mit größerer Wahrscheinlichkeit auftraten als bei den Verweigerern. Diese Unterschiede erklärten aber nichts. Denn es gab auch unter den Ungehorsamen genügend Teilnehmer, die jünger waren, die beim Militär gedient hatten und aus technischen Berufen mit geringerer Bildung kamen. Was bewirkte bei Ihnen die Entscheidung gegen das Foltern? Was war bei ihnen vorhanden, was den anderen fehlte?

Die Bedeutung der Selbstdarstellung von Macht

Zuletzt setzte Milgram auf Struktur. Tatsächlich sank der Anteil der Gehorsamen drastisch, wenn man die Situation so veränderte, dass die Autorität des Versuchsleiters in Frage gestellt wurde: Die Milgram-Gruppe verlegte in einer Variante des Experiments das Standardexperiment unverändert aus den Räumen der renommierten Universität in eine schmuddelige Fabrikhalle. Sofort sank der Prozentanteil derjenigen, die bis zum Schluss weiterfolterten auf unter fünfzig Prozent, etwa so viel wie zuvor nur die massivste

Konfrontation mit dem Leiden der Opfer erreicht hatte. Das ist eine Lehre, die von allen Inhabern der Macht seit alters her beherzigt wird und beherzigt werden muss. Macht muss glänzen. Macht muss einschüchtern. Macht muss protzen. Sie muss sich unangreifbar, fehlerfrei und überlegen darstellen, wenn sie darauf hoffen will, anerkannt zu werden. Weil die Wissenschaftler in Milgrams Experiment im Namen einer der berühmtesten Universitäten der USA, Yale University, und im Namen der Wissenschaft aufgetreten sind und weil ihr Auftreten mit dem übereinstimmte, was Menschen von Wissenschaftlern einer berühmten Universität erwarteten, erhielten sie selbst unter Stress Gehorsam. Autorität betätigt sich durch autoritatives Auftreten, durch eine herrschaftliche Erscheinung. Deshalb haben früher die Königs- und Kaiserhäuser, die Kirchenoberhäupter, heute die Parlamente, Gerichte, die Minister und Ministerpräsidenten ihre selt-samen Gebräuche und Gewänder, ihre prunkvollen, umständlichen Rituale, ihre protzigen Bauten mit ihrer einschüchternden Architektur, ihre Umzüge und Aufmärsche. Symbolische Politik erzeugt Gehorsam auf der ganzen Linie, schüchtert ein und untergräbt Zivilcourage.

In modernen Demokratien kommt Macht bescheidener daher als jemals in der Geschichte der Menschheit. Doch das neue Bundeskanzleramt in Berlin, Schloss Bellevue und das Präsidialamt, der Einzug der rotgerobten Verfassungsrichter, die Polizeieskorten zu den Staatskarossen, die Ämterhierarchie und Titelei präsentieren weiterhin eine glänzende symbolische Oberfläche der Staatsmacht, die genügend einschüchtert, um der Macht den nötigen Gehorsam zu verschaffen. Zivilcourage, eigenständiges Denken, Widerstand wird da unwahrscheinlich. Je weniger selbstherrlich sich die Macht darstellt, desto wahrscheinlicher gibt es den Widerstand und die Zivilcourage.

Distanz macht mitleidlos

Nicht die Personen, sondern die Strukturen sind entscheidend. Das zeigte drastisch die nächste Veränderung in der Versuchssituation: Statt einem einzigen „Lehrer“ wurde nun ein zweiter – eingeweihter – „Lehrer“ in den Raum gesetzt. Dieser führte die Stromstöße aus, fügte also das schlimme Leid zu. Der wirkliche „Lehrer“, die Versuchsperson, gab lediglich den Befehl zum Foltern. In dieser Konstellation stieg der Anteil der Versuchspersonen auf 92,5 Prozent, die es duldeten, dass in ihrem Namen und auf ihren Befehl einer ihnen unbekannten und offensichtlich unschuldigen, zufällig anwesenden Person wahrscheinlich tödliche Stromstöße bis zur endgültigen Grenze von 450 Volt versetzt wurden. Das macht verständlich, dass die Schläger, die Ausländer durch die Straßen deutscher Städte jagen, kaum jemals fürchten müssen, dass ihre Opfer Beistand finden in der Bevölkerung. Es ist viel leichter, nicht einzugreifen, wenn jemand anderes der Böse ist.

Wenn aber umgekehrt jemand als Vorbild wirkt und sich den Anweisungen der Autorität entgegenstellt, wirkt das Wunder. Wenn Milgram einen – eingeweihten – zweiten „Lehrer“ in das Experiment einbaute, der sich früh weigerte die Stromstöße auszuführen, machten nur noch zehn Prozent der Versuchsteilnehmer weiter bis zum Schluss. Mutige machen die Feigen mutig. Das allgemeine gesellschaftliche Klima, die politische Kultur, der Zustand der Zivilgesellschaft sind entscheidend für den Spielraum, den die Folterer haben. Eine aufmüpfige, widerständige Zivilgesellschaft begrenzt ihre Macht. Darum können sich die Regierungen in Gesellschaften mit einer zivilgesellschaftlichen Tradition wie England, Amerika oder Frankreich nicht so leicht autoritäre Anmaßungen erlauben wie die Regierungen von Gesellschaften ohne solche Traditionen wie etwa in Russland, Jugoslawien und dem Deutschland der Nazi.

Wenn die Autorität versagt, ...

Das Strukturelement „Lehrer“ war ausgereizt. Alle denkbaren Varianten waren durchgespielt worden mit dem Ergebnis, dass man auf Zivilcourage setzen muss. Doch wo soll die herkommen, wenn sie noch nicht existiert? Nun blieb dem Team um Milgram nur noch eines übrig. Sie mussten die Versuchssituation auf der Seite der Versuchsleitung variieren. Im realen Leben hätte die Versuchsleitung der Regierung eines Staates entsprochen. Wie musste sie beschaffen sein, dass die Menschen sich nicht zu braven Folterer machen ließen.

In einer ersten Variante gab der Versuchsleiter seine Anweisungen, verließ dann aber den Raum. Danach waren immerhin noch 25 Prozent so brave Bürger, dass sie selbstständig ohne Aufsicht bis zum Ende weiterfolterten. Doch 75 Prozent brachen vorher ab. Viele hielten sich nicht mehr an die Regeln. Sie gaben nur noch schwache Schocks oder sagten den „Schülern“ die Antworten vor. Das ist auch das Ergebnis kriminologischer Forschung: Kriminell wird, wer meint, er käme damit ungestraft und unerkannt davon. Deshalb ist es für den Zusammenhang der Gesellschaft und die Sicherheit der Bürger wichtig, dass die Einhaltung der Normen nicht nur durch die Polizei, die nicht überall sein kann, sondern durch die Bürger und Bürgerinnen selbst mit ihrem Sinn für Recht und Gerechtigkeit überwacht und durchgesetzt werden. Doch ihnen folgt man weniger als der Autorität selbst.

Das zeigt eine weitere Variante des Milgram-Experiments. Jetzt wurde der eigentliche Versuchsleiter nach den ersten Instruktionen per Telefon aus dem Raum gerufen, und zwar bevor er sagen konnte, dass mit jedem Fehler ein stärkerer Stromstoß versetzt werden soll. Dann betrat ein Vertreter des Versuchsleiters den Raum und verkündete die verschärfte Regel. Unter solchen Bedingungen machten noch weniger Versuchspersonen bis zum Ende mit (20 Prozent) als wenn die Versuchspersonen alleine gelassen wurden. Das ist erstaunlich. Es ist ein Indiz dafür, dass der für legitim erachteten Autorität (im Experiment die Wissenschaft) gefolgt wird und zwar, wegen ihrer Legitimität nicht wegen dem Inhalt oder der Logik ihrer Anweisungen. Eine angemaßte Autorität erreicht selbst bei physischer Anwesenheit weniger Gehorsam als eine legitime Autoritätsperson sogar noch bei physischer Abwesenheit. Demnach muss man etwas an der Legitimität der Autorität ändern, wenn man den automatischen Gehorsam der braven Folterer aufbrechen will.

Streit als Voraussetzung der Zivilcourage

Die entscheidende Strukturveränderung war das Aufbrechen der Autorität. Dazu setzte Milgram zwei Leiter ein, die sich gegenseitig widersprachen. Ab 150 Volt forderte der eine von ihnen, den Versuch abzubrechen, während der andere darauf bestand, weiterzumachen. Von 20 Versuchspersonen brach einer den Versuch sofort ab. 18 gingen noch eine Stufe weiter, brachen dann aber bei 165 Volt ab. Nur einer ging auch noch eine Stufe weiter und brach bei 180 Volt ab. Keine einzige der Versuchspersonen, null Prozent also, zog den Versuch bis zu den 450 Volt durch, wohin unter allen anderen Bedingungen zwischen 20 und 92,5 Prozent gegangen waren. Es war ein sensationelles, ein ermutigendes Ergebnis. Was bedeutete es?

Eine mutige und menschliche Gesellschaft muss nicht auf Helden warten, um Wirklichkeit zu werden. Der Mut und die Menschlichkeit der Menschen hängt nicht von den Eigenschaften der Menschen ab, sondern von der Organisation der Gesellschaft. Mut und Menschlichkeit können sich nicht entwickeln, wenn es nur eine Autorität gibt, die mit einer Stimme spricht, dann brechen die Menschen ein. Sie folgen – mit Widerstreben zwar, aber sie folgen – den widerlichsten Anweisungen. Sobald es aber mehrere sich widersprechende legitime Autoritäten gibt, ändert sich die Situation. Jetzt sind die Menschen gezwungen, für sich selbst zu denken und sie entscheiden sich für den Mut und für die Menschlichkeit.

Frankreich, England und Amerika haben nicht deshalb die besseren Zivilgesellschaften, weil es dort mehr mutige Menschen gibt. Die Ergebnisse der Milgram-Experimente waren dort nicht günstiger als in Deutschland. Sie haben vielmehr deshalb mehr mutige Menschen, weil es dort seit Jahrhunderten Gewaltenteilung und eine parlamentarische Demokratie gibt, in der sich die Autoritäten widersprechen. Genau das, was so viele Menschen an der Politik hassen geschieht dort seit Jahrhunderten. Regierung und Opposition streiten sich. Regierung und Parlament streiten sich. Ober- und Unterhaus widersprechen sich. Das Verfassungsgericht widerspricht Parlament und Regierung. Bei Wahlen wird gestritten bis aufs Messer. Die Regierung wird abgelöst und die neue Regierung und neue Opposition streiten sich weiter. Das zwingt die Bürger und Bürgerinnen dazu, sich selbst ein Bild zu machen, sich selbst zu entscheiden. Die Menschen sind nicht besser sondern die Struktur.

Diesmal ist es nicht der Engel Satan, sondern der Sozialwissenschaftler Milgram, der uns eine paradoxe Erkenntnis vermittelt. Wir, die wir in Deutschland so sehr auf Harmonie und Übereinstimmung setzen, die wir gerne hätten, dass uns gesagt wird, wo es lang geht, müssen einsehen, dass der Streit, den wir in der Politik so verabscheuen, der sie uns so unsympathisch macht, genau die Bedingung ist, ohne die wir alle eine sehr geringe Chance haben, gute Menschen zu sein.

Wenn die Regel gilt, dass eine Gesellschaft, die keine Helden braucht, viel besser ist als eine, die viele Helden hat, dann ist die Streitgesellschaft die bessere Gesellschaft als die von uns so sehnlich erhoffte Gesellschaft der Harmonie und der Wahrheit. Eine streitgewohnte Gesellschaft braucht keine Helden. Sie braucht nur Mitdenken.

Fünftes Kapitel

Die Millionen-Pfund-Note – oder: Die Funktion der symbolischen Politik

In einer anderen Geschichte von Mark Twain hat ein schlimmer Sturm den Helden, einen naiven, aufgeweckten Kleinstadtamerikaner, der mit seinem Freizeitboot zu weit hinausgesegelt war, so weit in den Atlantik getrieben, dass ihm nichts anderes übrig blieb, als sich auf ein vorüberfahrendes Schiff zu retten, das auf dem Weg nach London war. Der Kapitän ließ ihn sich die Überfahrt erarbeiten und setzte ihn in London ohne Geld und Unterkunft von Bord. Der Kleinstadtamerikaner zog durch die Straßen Londons auf der Suche nach Essen und bückte sich in seiner Not sogar nach weggeworfenen Essensresten.

Da wird er von einem livrierten Diener in ein herrschaftliches Haus gerufen und zwei ältere Herren überreichen ihm einen Umschlag und bitten ihn, diesen erst später zu öffnen. Kaum aus dem Haus hält sich der hungrige Amerikaner nicht an die Bitte und öffnet den Umschlag. Da er eine größere Geldnote sieht, geht er sofort ins nächste Wirtshaus und bestellt eine Riesenportion Essen. Erst beim Zahlen merkt er am Gesicht des Wirtes, dass etwas nicht stimmt. Es ist das Geld. Der Wirt erstarrt beim Anblick des Geldes. Denn es ist eine Millionen-Pfund-Note. Natürlich kann der Wirt nicht wechseln. Aber Kredit ist bei einem so reichen Gast überhaupt kein Problem.

Als der Naivling aus Amerika die Situation versteht, rennt er zurück zu dem Haus und will das Geld zurückgeben. Doch da ist niemand mehr. Erst dann liest er im Begleitbrief, dass ihm die Note für einen Monat überlassen werde, um einer Wette willen, die seine Gönner unter sich geschlossen hätten. Schnell merkt er, dass ihn die Millionen-Pfund-Note in einen anderen Menschen verwandelt. Überall wird er als skurriler Millionär aus Amerika behandelt, erhält

Kredit, wird eingeladen, erhält Vorschüsse, Angebote und Respekt. Einem Freund, der unverschuldet in Not geraten war, kann er helfen, indem er ihm erlaubt, ihn, den Inhaber der Millionen-Pfund-Note, als Sicherheit zu nennen. Dadurch steigen dessen Aktien und er gewinnt Millionen statt in Bankrott zu gehen. Der Freund teilt mit ihm den Gewinn und so wird der virtuelle Millionär zum wirklichen.

Und genau darum hatten seine Gönner gewettet. Einer von ihnen war fest davon überzeugt, dass die Millionen-Pfund-Note zu nichts zu gebrauchen wäre, weil sie keiner wechseln könne. Der Inhaber müsse vor gefüllten Töpfen verhungern und verdursten. Sein Partner prophezeite dagegen, das Symbol von viel Geld habe dieselbe Wirkung wie wirklich viel Geld. Der Inhaber des Symbols müsse den Inhalt nie unter Beweis stellen. Die Symbolik genüge um ihm zu Reichtum und Ansehen zu verhelfen.

So ist es auch in der Politik: Die hauptsächlichen Schlachten der Politik werden durch symbolische und nicht durch die praktische Politik gewonnen. Wem es gelingt, den Eindruck von Kompetenz, Zuverlässigkeit und Sicherheit zu vermitteln, der gewinnt die Wahlen unabhängig davon, welche praktische Politik von ihm betrieben wird. Denn die Menschen werden von den Symbolen emotional als Ganze angesprochen, in ihrem innersten Kern berührt. Praktische Politik ist dagegen wie das Kleingeld. Unspektakulär, unemotional, kleinkariert. Von ihr sind die Menschen immer nur in Teilbereichen betroffen und nicht als emotionale Gesamtwesen wie bei der symbolischen Politik.

Darum ist symbolische Politik das Mittel um an die Macht zu gelangen. Die Symbolik genügt in der Regel. Sie muss nicht in Mark und Pfennig verwandelt werden. Die glaubwürdige Demonstration, das Zeigen der Symbole der Macht, wirkt wie die Macht selbst. Das ist die Bedeutung der symbolischen Politik: Sie bindet die Menschen an die Macht mit dem denkbar geringsten Aufwand und befriedet damit Gesellschaft. Doch wie wir im vorangegangenen Kapitel gesehen haben, bildet sie damit auch eine Gefahr für die Demokratie. Das wird am deutlichsten in einem der häufigsten Symbole für Politik: Das Bild vom Staatsschiff, das von den Politikern gesteuert werden soll.

Das Bild des Schiffes

Als Bismarck zum Rücktritt genötigt wurde, zeigte ihn eine Karikatur mit der Überschrift „Der Lotse geht von Bord", wie er die Treppen zu einem Beiboot hinuntersteigt und der Kapitän, der Kaiser, der ihn geschasst hatte, schaut ihm selbstzufrieden nach. Das Bild vom Schiff und dem Kapitän oder Lotsen, der es steuert, trägt nicht viel Demokratisches in sich. Ein Kapitän lässt nicht über seinen Kurs abstimmen. Er hat absolute Befehlsgewalt. Auch ein Lotse ist nicht der Inbegriff der Demokratie. Der Lotse kann sogar dem Kapitän Befehle geben. Doch in der Regel ist ein Kapitän klug genug, auf den Ratschlag des Lotsen zu hören. Denn der Lotse ist absoluter Experte, Träger des unparteiischen Sachverstandes. Er kennt die Fahrrinne genau und es wäre dumm, nicht auf ihn zu hören. So hat sich Bismarck vermutlich selbst verstanden: als sachlichen Experten, der mit den vorhandenen Mitteln zum Besten des Landes wirkt. Das Bild von der Gesellschaft als Schiff, das gesteuert werden muss, legt zumindest eine milde Expertendiktatur nahe. Die aber gilt für die praktische Politik, nicht für die symbolische. Die symbolische Politik soll Wahlen entscheiden, nicht Sachfragen. Doch wie werden Wahlen tatsächlich entschieden?

Die unwissenden Wähler

Liest man das Grundgesetz, ist es die Aufgabe der Wähler und Wählerinnen und nicht der Experten, die Ziele der Politik zu bestimmen. Das Volk die Parlamentsmitglieder. Und diese machen die Gesetze, die von Regierung und Verwaltung ausgeführt werden. So will es das Grundgesetz.

Schaut man sich jedoch die Wähler in Deutschland an, erlebt man eine Ernüchterung. In den Umfrage- daten etwa von ALLBUS (eine regelmäßig für die Sozialwissenschaft durchgeführte repräsentative Erhebung für ganz Deutschland), zeigt sich immer wieder dieselbe Tendenz: Die große Mehrzahl aller Wählerinnen und Wähler sind weder fähig noch interessiert, die Zusammenhänge von Politik und Gesellschaft zu begreifen. Nur 20 Prozent aller Wähler finden Politik überhaupt wichtig. In den neuen Bundesländern ist das Interesse mit 15 Prozent sogar noch geringer. Weniger als die Hälfte der Wähler (etwa 40 Prozent im Westen, 35 Prozent in den neuen Bundesländern) lesen regelmäßig den politischen Teil einer Tageszeitung. Zwar schauen 80 Prozent im Westen und 75 Prozent in den neuen Bundesländern regelmäßig im Fernsehen die Nachrichten. In den Privatsendern kommt da Politik aber kaum vor. Schon bei politischen Magazinen geht das Interesse auf etwa 30 Prozent zurück. Weniger als 5 Prozent aller Wähler (in den neuen Bundesländern sogar nur 3,5 Prozent) sind bereit zum Mitarbeiten in der Politik, in einer Partei, in der Kommunalpolitik oder in einer Bürgerinitiative.

In der Theorie sollen die Wähler die Parteien nach ihrem Programm auswählen. Doch kaum einer der Wähler hat je das Programm einer Partei gelesen. Die Wahlentscheidung hat selten etwas mit der Programmatik einer Partei zu tun. Bei der Wahl 1998 haben Wissenschaftler 500 Bürgerinnen und Bürger im Jahr vor der Wahl begleitet und sie immer wieder befragt, wie sie wählen würden und was ihre Wahlentscheidung beeinflusst hat. Alles deutet darauf hin, dass die Wahlentscheidung nach eher atmosphärisch-emotionalen und weniger nach rationalen Gesichtspunkten zu Stande kommt. Sie fällt meist im Freundeskreis, am Stammtisch, in der Familie und am Arbeitsplatz. Nur drei Prozent der 500 Beobachteten gaben an, dass Wahlplakate und Wahlkampf einen Einfluss auf ihre Entscheidung gehabt hätten. Hinzu kommt, dass ein Teil des Wahlvolkes zu keiner politischen Analyse fähig ist. Es gibt mehr faktische Analphabeten als man vermutet und ein immer größerer Teil des Wahlvolkes ist wahlberechtigt, aber durch Altersdemenz oder Alzheimer zu keiner vernünftigen Überlegung fähig.

Auch ohne solche Schädigungen steht es um das politische Wissen der Bevölkerung schlecht. Harald Schmidt, der Kabarettist und Talkmaster zu später Stunde für ein eher intelligentes und gebildetes Publikum, beklagt, dass er in seinen Gesprächen nichts voraussetzen darf. Alles muss er im Stil von „wie Sie ja alle wissen" erst erklären, bevor er daraus einen Witz machen kann. Sonst würde ihn kaum jemand verstehen und neimand lachen. Nichts kann, so laut Schmidt, als selbstverständliches Allgemeinwissen vorausgesetzt werden.

Nach dem Grundgesetz sollen die Wähler und Wählerinnen die Parteien wegen ihrer Politik beurteilen und schlechte Politik bestrafen und gute belohnen. Doch kaum einer der Wähler nimmt sich auch nur die Zeit zur regelmäßigen Lektüre einer der großen politischen Tageszeitungen. Und kaum einer der Wähler hat ein so gutes Gedächtnis, dass er sich an alle Pleiten und Siege, Lügen und Versprechungen der vergangenen vier Jahre erinnert.

Tatsächlich ist es kaum menschenmöglich, sich einen wirklich guten Überblick über die wirkliche Tätigkeit der Parteien zu verschaffen. Denn in einer Wahlperiode, die vier Jahre dauert, werden über 650 Gesetzesvorlagen in den Bundestag eingebracht. Das sind mehr als hundertfünfzig Gesetze im Jahr. Nur etwa hundert von denen schaffen es bis zum Bundespräsidenten und werden wirklich Gesetz. Aber alle müssen beraten, in den Ausschüssen vorbereitet und in Anhörungen den Experten und interessierten Verbänden zur Stellungnahme vorgelegt werden. Dazu kommen noch die Richtlinien der EU und die Verordnungen der Ministerien.

Vieles davon handelt von speziellen, abgelegenen Details, etwa die minimale Größe einer EU-Banane. Solche Details sind zwar für den Bananenbauern entscheidend. Für alle anderen Menschen sind sie aber irrelevant, wenn nicht gar lächerlich. Anderes – wie die Rentenreform – verändert das Leben von nahezu allen Bürgern und Bürgerinnen, ist aber eine so komplexe Materie, dass auch hier nur noch Experten durchblicken. Das ist das Feld der praktischen Politik. Wieder andere, wie etwa das neue Staatsbürgergesetz, können zu Themen gemacht werden, bei denen sich alle als Experten fühlen und sich große Emotionen entfachen lassen. Sie bestimmen das Feld der symbolischen Politik.

Meist sind die Gesetzesvorlagen jedoch sehr spezielle Regelungen, die nur einen kleinen Sektor der Bevölkerung betreffen, einmal die Landwirte, dann die Zahnärzte, die Wirte oder die Spediteure oder die Forellenzüchter. Meist sind es Änderungsgesetze, in denen nicht einmal der Zusammenhang zur alten Regelung deutlich wird. Jedem Gesetzesvorhaben sind Begründungen, Expertisen, Haushaltsberechnungen, Minderheitenvoten beigegeben. Nicht einmal die Abgeordneten können die Flut an Papier, die sie als Bundestagsdrucksache jede Woche zugestellt bekommen, durcharbeiten und überblicken. Wie sollen da die Wähler und Wählerinnen, die ihren eigenen Beruf haben, kontrollieren, beurteilen und mitdenken können? Dennoch sprechen die Politiker nach jeder Wahl, wenn sie ihren Wählern brav gedankt haben, vom Wählerwillen. Der habe sich für oder gegen eine bestimmte Koalition, für oder gegen eine bestimmte Politikrichtung entschieden.

Wenn diese Aussagen stimmen würden, wenn Politik tatsächlich entsprechend der Theorie des Grundgesetzes darauf warten würde, dass die Wähler die Ziele der Politik bestimmen, würde sich das Bild vom Steuermann, der das Schiff durch die Brandung steuert, rasch ändern. Dann wäre unsere Gesellschaft wie der Fliegende Holländer in der Oper von Richard Wagner. Wegen irgend eines Vergehens vor vielen hundert Jahren treibt der Wind das Geisterschiff ziel- und endlos vor sich her. Nur alle hundert Jahre darf der Kapitän für kurze Zeit von Bord. Dann muss er wieder Segel setzen lassen und seine endlose, sinnlose Fahrt fortsetzen. Genauso müsste sich die Politik den sich wandelnden Stimmungen in der Bevölkerung aussetzen, mal die Todesstrafe einführen, dann wieder abschaffen, müsste sich der Herrschaft der Stammtische unterwerfen: Ziel- und orientierungslos würde das Schiff Gesellschaft über die Ozeane der Weltgeschichte dümpeln. Eine Katastrophe.

Das Dilemma der Demokratie

Die Politik steht also vor einem Dilemma: Auf der einen Seite muss sie sich um außerordentlich schwierige, kleinteilige und verwickelte Probleme kümmern, die nur Experten und Expertinnen interessieren und überblicken. Auf der anderen Seite soll sie nicht zur Expertendiktatur verkommen, sondern als demokratische Regierung ihr Tun vom Wähler überprüfen und bestimmen lassen. Die Wähler sind damit aber – wie gezeigt – überfordert. Sie können es nicht und – vor allem – sie wollen es nicht. Würde sich die Politik auf das Niveau der Kenntnisse der meisten Wähler beschränken, würde die Gesellschaft zum Geisterschiff wie der Fliegende Holländer. Hält sie sich aber an die wirklichen Probleme in ihrer Komplexität und langen Geschichte, verselbstständigt sie sich von den Wählern und hört auf, demokratische Politik zu sein.

Das ist das Dilemma der Politik in der Demokratie. Egal wofür sie sich entscheidet, es ist falsch. Entscheidet sie sich für Effizienz, ist sie undemokratisch. Entscheidet sie sich für die Demokratie, ist sie ineffizient. Wie kommt sie aus dieser Zwickmühle heraus?

Der Unterschied zwischen praktischer und symbolischer Politik

Die Lösung ist einfach und nahe liegend: Für die Wähler wird der Teil der Politik ausgewählt, der unterhaltsam und von allgemeiner Bedeutung, vor allem aber für die Imagebildung der Parteien und Politiker wichtig ist. Der wird vor dem geneigten Publikum in den Medien inszeniert und zelebriert. Das ist die symbolische Politik. In ihr präsentiert sich jede Partei und jedes Mitglied der politischen Elite so ideal wie möglich. Da ist immer Wahlkampf. Man profiliert sich, setzt sich von der Konkurrenz ab, beschimpft und macht die anderen Parteien lächerlich, unterstreicht die eigenen Vorzüge und mimt allgemein Engagement für das

Gemeinwohl und den Fortschritt. Politiker, die ihren Job gelernt haben, wittern von ferne, ob eine Frage sich zu symbolischer Politik eignet. Solche Fragen ziehen sie an sich, schicken Presseerklärungen ab, halten Pressekonferenzen, setzen ein Hearing oder eine Tagung mit einem von ihm gehaltenen Festvortrag an, starten eine große Anfrage im Parlament oder geben ein Exklusivinterview für einen Kumpel beim Fernsehen. Die symbolische Politik wirbelt viel Staub auf. Sie füllt die Blätter und Bildschirme. Hier muss sich bewähren, ob ein Politiker zum Wahlsieger taugt. Das hängt kaum von seiner guten praktischen Politik ab. Entscheidender ist sein Aussehen, seine Art und Weise den Kopf zu halten, seine männliche Ausstrahlung, seine Verbindlichkeit im Auftreten und seine Unverbindlichkeit im Inhalt.

Denn ein Wahlsieger muss die Zustimmung von extrem gegensätzlichen Gruppen in der Gesellschaft gewinnen, besonders wenn er bei der SPD ist. Die sucht ihre Wähler sowohl bei traditionsverpflichteten roten Arbeitern und Arbeiterinnen wie bei avantgardistischen Künstlern, Kämpferinnen für die Emanzipation, aufgeklärten Lehrerinnen, Professoren, Studierenden, Ärzten und Ärztinnen, Architekten und Verwaltungsbeamten. Wenn man in solch einer Position von der einen Seite gelobt wird, kann man mit Ablehnung und Kritik von der anderen rechnen. Die inhaltlichen und ästhetischen Vorstellungen könnten nicht weiter auseinander liegen. Darum hat es die SPD besonders schwer, Wahlen zu gewinnen. Auch ein Kandidat der CDU muss einem breiten und vielfältigen Spektrum von Menschen gefallen, wenn er in die Nähe der absoluten Mehrheit kommen will: Bauern und Anwälte, Arbeiter und Unternehmer, Gastwirte und Kleriker, Bauingenieure und Apothekerinnen, zwar alle bodenständig, wertkonservativ und antisozialistisch, doch mit erheblichen Interessengegensätzen und Geschmacksvariationen. Da schafft jede eindeutige Festlegung in eine bestimmte Richtung die Gefahr, alle anderen Gruppen zu verprellen. Gefällig muss man sein, diplomatisch so geschickt, dass sich alle bestätigt fühlen in ihren Anliegen und doch niemand hinterher etwas einklagen kann.

Symbolische Politik ist ein schwieriges Geschäft. Man muss überzeugend und tiefsinnig klingen, voller Ernst und Engagement – und doch nichts Genaues sagen. Man muss ständig in Höchstform sein, immer angemessen, hoch konzentriert und darf sich keinen Schnitzer leisten. Man darf sich keinen Moment unbeobachtet wähnen, darf nie seinen Ärger über die Kameras und lauernden Journalisten, über ihre oft dummen Fragen äußern, darf nie „die Sau raus lassen". Darauf lauern die Medien und die Gegner. Aber man darf auch nicht zu glatt sein. Denn dann bleibt man nicht im Gedächtnis der Wähler. Eine gute Marketingfirma ist da eine große Hilfe. Sie hat Erfahrung damit, positive Gefühle, Sehnsüchte und Hoffnungen mit allen möglichen Produkten zu verknüpfen, so dass die Sehnsucht nach der großen, erfüllenden Liebe sich mit einer Autokarosse verbindet. Mit etwas Begabung kann man das auch mit einem Politiker machen. Das mag zynisch klingen. Doch es funktioniert. So werden Wahlen gewonnen und verloren. Und so kommt ein gewaltloser, demokratischer Machtwechsel zu Stande. Der Machtwechsel ist zwar nicht nach rationalen Gesichtspunkten geschehen und auch nicht wie sich das Grundgesetz den politischen Wechsel vorgestellt hat. Doch er geschieht und funktioniert.

In einer Welt der Milliarden Leben des Kolumbus und der Ungewissheit ist das auch kein Mangel oder Makel. Entscheidend ist, dass die Mehrheit des Wahlvolkes, aus welchen Gründen auch immer, seien sie noch so dumm und kurzsichtig oder weise und vorausschauend, die herrschende Partei abgewählt und einer anderen Partei die Mehrheit gegeben hat. Das korrekt eingehaltene Verfahren verschafft Legitimität, nicht der Inhalt.

Symbolische Politik mit ihrer Unverbindlichkeit und Unbestimmtheit hat noch eine weitere wichtige Funktion in der Gesellschaft. Sie integriert extremistische Gruppen links und rechts zur Mitte hin. In der Geschichte der Bundesrepublik Deutschland hat es immer viel mehr rechtsextrem eingestellte Menschen gegeben als Wählerinnen und Wähler rechtsextremer Parteien. Die emotionale antisozialistische Symbolik der christdemokratischen Parteien, insbesondere die symbolische Militanz eines Franz-Josef Strauß hat die rechtsextrem Eingestellten immer wieder in die CDU/CSU eingebunden. Nur als die Union sich in der Großen Koalition der Endsechziger mit der SPD zusammentat und Strauß im Bundestag mit der SPD flirtete, drohte die NPD zur bundesweit verbreiteten Rechtspartei zu werden. Das Gleiche gilt selbstverständlich für die Integration der linksextremistisch Eingestellten durch die SPD. Hier hatten und haben die symbolischen Politiken der großen Parteien eine wichtige befriedende Funktion, die nicht überschätzt werden kann.

Die Bedeutung der praktischen Politik

Hinter der alles beherrschenden und alles verdeckenden Fassade der symbolischen Politik läuft das harte, Zeit raubende, herausfordernde Geschäft der praktischen Politik. Davon merkt die Öffentlichkeit kaum etwas. Da wird in unendlichen Sitzungen, in unzähligen Gesprächen unter den Experten die Lösung für Probleme ausgehandelt, die sich in der alltäglichen Praxis als regelungsbedürftig herausgestellt haben. Das ist hochgradig sachliche Arbeit. Viele Gesetze in der Bundesrepublik werden zwischen den Verwaltungsbeamten der Länder und des Bundes in den Ausschüssen des Bundesrates ausgehandelt. Da optimiert sich die Verwaltung ihre Instrumente und Parteipolitik bleibt meist draußen. Man merkt überhaupt nicht, wer von welcher Partei kommt und die Frage der Macht ist nicht berührt. Es geht um effiziente Lösung von alltäglich auftretenden Problemen und Handlungsabläufen. Häufig tragen die Berufsverbände oder Wirtschaftsgremien ihre Probleme in den Ministerien bei der Verwaltung vor und diese formulieren daraus für ihren Minister Verwaltungsvorschriften oder neue Gesetzesvorlagen. Der überprüft sie darauf hin, ob sie irgendwo die Wiederwahl seiner Partei befördern oder gefährden könnten. Ist das der Fall, zieht er die Initiative an sich und macht daraus symbolische Politik. Dann haben die Experten ausgedient. Dann wird nach politischen Maßstäben entschieden. Es wird erwogen, was bei den Wählern, die man sowieso schon hat und bei denen, die man dazugewinnen könnte, am besten ankommt. Sachliche Gesichtspunkte müssen zurücktreten. Ergibt sich jedoch kein Anhaltspunkt für symbolische Politik, wird die Initiative den Experten überlassen. Jetzt können sie in aller Ruhe unter sich die ihnen optimal erscheinende Lösung erarbeiten und durchsetzen. Die politischen Gremien gehen automatisch mit. Die Fraktionen winken die Angelegenheiten durch. Bundestag und Bundesrat werden zu Abstimmungsmaschinen, in denen kaum einer der Abstimmenden weiß, worüber er oder sie gerade befunden hat.

Das ist die große Chance der Lobby. Das sind die Interessenvertretungen der Unternehmen, der Bauern, der Handwerker, der Brauereien, der Autoindustrie, der Gewerkschaften, der Versicherungsunternehmen und was es sonst noch an organisierten Interessen gibt. Die versuchen, das Gesetzgebungsverfahren in ihrem Sinne zu beeinflussen. Wenn es keine widersprechenden Interessenvertreter gibt, können sie sich in der praktischen Politik in aller Ruhe die für sie optimale Gesetzgebung zurechtstricken. Ohne je über Politik oder Parteien zu reden, werden sachliche Lösungen gesucht, mit der EU-Bürokratie abgestimmt und in hochdifferenzierte Gesetzestexte umgesetzt, die in ihren Feinheiten nur von Verwaltungsjuristen verstanden werden, die dann die einschlägigen Kommentare dazu schreiben. In der praktischen Politik wird viel bewegt und gestaltet, ohne dass es je zum politischen Spektakel wird, ohne dass jemand sich die Lorbeeren dafür holt und ohne dass es je in die Zeitung oder ins Fernsehen kommt.

Symbolische Politik holt sich die Rosinen aus dem Kuchen der praktischen Politik. Die entscheiden über die Machtfrage. Das Funktionieren der Gesellschaft, das wovon sie lebt und in ihren Grundfunktionen abhängt, liefert die praktische Politik. Wie in der Novelle von Mark Twain von der Millionen-Pfund-Note, wo der naive Kleinstadtamerikaner unter dem symbolischen Schutz seines papiernen Reichtums ein praktisches Millionenvermögen erwirtschaftet, verschafft die symbolische Politik mit ihrem einschüchternden Ansehen der praktischen Politik genügend Raum, um die komplexen Sachprobleme und Verwaltungsroutinen einer hocharbeitsteiligen Gesellschaft sachgemäß durch Experten und Betroffene in aller Ruhe behandeln zu lassen.

So funktioniert Politik. Nicht wie es das Grundgesetz vorsieht. Nicht wie es die politische Philosophie sich wünscht. Aber sie funktioniert und löst das Dilemma der Politik zwischen Demokratieanspruch auf der einen Seite und dem Mangel an Wissen und Interesse beim größten Teil des Wahlvolkes auf der anderen Seite. Die Lösung ist brillant: Die symbolische Politik sorgt für Machterhalt und Machtwechsel ohne die Wähler zu überfordern. Gleichzeitig verschafft sie der praktischen Politik genügend Zeit und Raum, damit Experten und Betroffene sachgemäße Lösungen für hochkomplizierte Probleme und Verwaltungsabläufe ausarbeiten und umsetzen können.

Sechstes Kapitel

Der kleine Prinz und der König – oder: Die Aufgabe von Politik

Ich will es vorwegnehmen. Die Aufgabe von Politik ist es, Macht in Herrschaft zu verwandeln. Doch was heißt das, Macht und Herrschaft? Das zu verstehen, hilft der kleine Prinz von Saint Exupéry. Der Pilot meiner Jugendträume, der sein Leben riskierte, um Post über die Wüste Sahara zu transportieren und der mit seinen Schilderungen von Notlandungen in der Wüste, mir die Gefahr und Einsamkeit der Wüste nahe brachte, hat mit dem „Kleinen Prinzen" eine zauberhafte Figur geschaffen, die in einem Kinderbuch mehr Weisheit zusammenfasst als manches Kompendium der Philosophie.

In einer Episode landet der „Kleine Prinz" auf einem Asteroiden, auf dem nur Platz für einen König, seinen Thron und die lange Schleppe seines Purpurmantels ist. Der König will seinem Gast – der erste seit Jahrmillionen – seine Macht demonstrieren und gibt ihm allerlei Befehle, die der „Kleine Prinz" nicht befolgen kann. Da erklärt der König dem „Kleinen Prinz" sein Geheimnis: „Es wäre unsinnig, meinem General zu befehlen, er solle fliegen. Wenn der General nicht gehorchte, es wäre nicht die Schuld des Generals. Es wäre meine Schuld." Der König befiehlt dem „Kleinen Prinzen" sich hinzusetzen, doch auf dem Asteroiden ist kein Platz. Es ist wie mit dem General und dem Fliegen. Es geht nicht. Den „Kleinen Prinz" langweilt das aufgeblasene Getue des Königs. Er gähnt. Das sieht der König und er beschließt, dem „Kleinen Prinzen" zu befehlen, er solle gähnen. Doch das ist keine Macht, wenn man das befiehlt, was sowieso geschieht. Der „Kleine Prinz" hat damit die logischen Begrenzungen der Macht entdeckt: Macht kann sich nur im Bereich des Möglichen betätigen und sie muss dabei etwas bewirken, was ohne ihr Vorhandensein nicht geschehen würde.

Das genau ist die Situation der Politik. Sie will und soll etwas verändern. In gesellschaftlichen Konflikten, nur dann wenn nicht alles klar ist, wenn sich nicht alle einig sind, wenn nicht das geschieht, was sowieso geschieht, muss Politik nach einer neuen Lösung suchen. Weil sie in gesellschaftlichen Konflikten eine neue Lösung suchen muss, ist es sehr unwahrscheinlich, dass alle Beteiligten der neuen Lösung zustimmen. Politik muss in der Regel gegen den Willen von großen Teile der Gesellschaft eine Lösung durchsetzen. Dazu braucht sie Macht. Denn Macht, so hat es weitgehend unbestritten der Begründer der Soziologie Max Weber definiert, ist die Chance, auf einen Befehl beliebigen Inhalts auch gegen Widerstreben Gehorsam zu finden.

Politik muss solchen Gehorsam erzwingen. Sie muss dafür sorgen, dass die neue Lösung praktiziert wird, auch wenn sie nicht von allen akzeptiert wird. Wie geht das? Auch dafür gibt der „Kleine Prinz" die Lösung: Der König befiehlt dem „Kleinen Prinzen" zu gähnen. Doch der hat ausgegähnt. Wie könnte der König den „Kleinen Prinzen" gegen sein Widerstreben dazu bringen, dennoch wenigstens so zu tun, als ob er gähnen müsste. Das ginge nur, wenn es dem König gelänge, den „Kleinen Prinzen" dazu zu zwingen, den Befehlen des Königs zu gehorchen. Dazu müsste der König ein wichtiges Bedürfnis des „Kleinen Prinzen" gefährden können. Wenn er zum Beispiel das Leben des „Kleinen Prinzen" bedrohte, könnte der sein Leben nur retten, indem er dem König gehorcht. Aber weil der König auf dem Asteroiden gar keinen Platz hat, um überhaupt auch nur aufzustehen, kann er den „Kleinen Prinzen" auch nicht bedrohen. Der „Kleine Prinz" will nichts von dem König. Also kann der König auch vom „Kleinen Prinzen" nichts erzwingen, indem er ihm die Erfüllung eines Bedürfnisses verweigert. Im Machtspiel ist der König matt.

Macht und Bedürfnisse

Macht ist etwas Seltsames. Angeblich sind die USA das mächtigste Land der Welt. Und dennoch hat das kleine Nordvietnam, ein armes Entwicklungsland, einen Krieg gegen die Supermacht gewonnen.

Damals hatten die USA genügend Atomwaffen, um die Welt nicht nur ein Mal, sondern mehrfach zu zerstören. Man nannte das „Overkill“. Und dennoch siegte das kleine Nordvietnam. Es hatte offensichtlich mehr Macht als die Supermacht USA. Wie konnte das sein?

Es hängt damit zusammen, wie wichtig den beiden der Krieg war. Für Nord-Vietnam und den Vietcong war es die wichtigste Sache der Welt. Sie waren bereit, alles dafür zu opfern. Für die USA war der Vietnamkrieg von geringer Bedeutung. Außenpolitik ist in den USA sowieso meist Nebensache. Vietnam war eins von vielen Konfliktgebieten. Beinahe unmerklich verstrickte sich die amerikanische Politik immer tiefer in den Krieg, der nicht zu gewinnen war, weil der Vietcong trotz aller Bomben, trotz aller Vertreibungen, trotz der Entlaubung des Urwald aus tiefen Erdhöhlen mit einfachsten Mitteln immer weiterkämpfte. Schließlich warfen die USA mehr Bomben auf das kleine Vietnam als im ganzen zweiten Weltkrieg. Der Vietcong kämpfte weiter. Und der Krieg forderte immer mehr amerikanische Opfer. Deren Angehörige wussten nicht so recht, weshalb ihr Sohn oder Neffe für Vietnam gestorben war. Immer mehr Amerikaner protestierten gegen diesen in ihren Augen unmoralischen und unnötigen Krieg. Die innenpolitischen Kosten stiegen von Tag zu Tag. Bald überwogen die Gefahren, die von ihnen für die USA ausgingen die Bedeutung des Krieges für die USA. Damit war der Punkt erreicht, an dem der Krieg aufgegeben werden musste. Es ging nur noch um einen erträglichen Absprung. Das kleine und arme Nordvietnam hatte gegen die Supermacht gesiegt. Nicht weil es mächtiger war als die USA, sondern weil ihm in dieser Sache der Sieg wichtiger war und sie bereit waren, sehr viel mehr zu opfern als die USA.

So ist das immer bei der Macht. Oft verwechselt man Macht mit den Machtmitteln. Wer viel Geld hat, hat viel Macht, denkt man. Wer die überlegenen Waffen und das besser ausgebildete Personal hat, der hat die Macht, meint man. Die Machtmittel alleine verleihen aber noch keine Macht. Entscheidend ist die Bedürfniskonstellation der

Machtverstrickten. Macht ist kein Ding, das man für alle Fälle hat. Macht hängt von der jeweiligen Situation ab.

Noch einmal: Macht ist die Chance, für einen Befehl auch gegen Widerstreben Gehorsam erzwingen zu können. Macht bringt demnach Menschen dazu, sich anders zu verhalten, nicht mehr ihrem eigenen Willen und ihren eigenen Bedürfnissen gemäß, sondern nach dem Willen eines anderen. Wie erreicht Macht das? Nehmen wir einen Banküberfall. Maskierte Männer stürmen in den Kassenraum, schwenken Waffen, schießen vielleicht sogar ein paar mal um sich und brüllen: „Alles auf den Boden! Geld her! Aber schnell!“ Alle Anwesenden gehorchen. Alle ändern ihr verhalten entsprechend den Anweisungen der Bankräuber. Warum? Na, weil ihr Leben bedroht ist. Und da wird alles aufgegeben, was weniger wichtig ist. Jedes Verhalten, das die Gefahr abwenden könnte, wird dann zum sinnvollen Verhalten. Demnach ist Macht Erpressung. Bankräuber sind schlechte Erpresser. Sobald sie mit ihren Waffen weg sind, wirkt ihre Drohung nicht mehr. Die Opfer kehren zu ihrer vorherigen Zielkonstellation zurück und verwandeln sich von Opfern zu Zeugen.

Die Macht des Staates beruht auf seinem Monopol der legitimen Gewaltandrohung. Der Staat treibt zum Beispiel Steuern ein, indem er den Säumigen mit Geldstrafen oder Gefängnis droht. Das darf niemand sonst. Konventionalstrafen können vertraglich – also freiwillig – vereinbart werden. Aber niemand darf ein Privatgefängnis betreiben, in dem Menschen gegen ihren Willen fest gehalten werden. Das von allen anerkannte, also legitime Recht dazu hat alleine der Staat. Er alleine darf Polizeitruppen und richtiges Militär halten. Er alleine darf Gewalt einsetzen, um seinen Gesetzen Geltung zu verschaffen. Der Staat ist demnach nichts anderes als ein Erpresser, der immer da ist und dem niemand in die Quere kommen kann. Solche Machtausübung hat Dauer.

Wirklich gute Erpresser arbeiten nicht mit Gewalt. Sie arbeiten mit Wissen. Sie zeigen, dass Wissen Macht sein kann. Sie packen ihre

Opfer bei ihren subtileren Bedürfnissen. Es geht nicht um Leben und Tod oder um die Freiheit. Es geht um Ehre oder Geld. Der Erpresser kennt irgendwelche dunklen Geheimnisse, deren Veröffentlichung die Ehre des Opfers herabsetzen würde. Oder er kennt die Sehnsüchte und den Ehrgeiz seines Opfers. Das übergeordnete Ziel, die Ehre, erzwingt die Anpassung der untergeordneten Ziele an die Wünsche des Erpressers.

Macht funktioniert immer nach dem gleichen Schema. Nur die Mittel unterscheiden sich. Macht bedroht höhere, wichtigere Ziele und erzwingt damit die Anpassung untergeordneter Ziele an die Befehle des Machthabers. Macht hängt also einerseits von den Mitteln ab, über die man verfügt. Deshalb sind die USA eine Supermacht. Andererseits hängt die Macht von der Wichtigkeit der Ziele ab, zu deren Durchsetzung die Mittel eingesetzt werden sollen. Für Nordvietnam ging es ums Ganze. Darum setzten die Nordvietnamesen alles ein, was sie hatten. Bei den USA ging es um eine untergeordnete Frage. Sie setzten deshalb auch nur untergeordnete Mittel ein. Und so kam es in dieser einen Frage zuerst zur Machtbalance zwischen den beiden Ländern und dann zur Übermacht des kleinen Nordvietnam. Es lohnte sich einfach nicht für die USA, noch weitere innenpolitische Schwierigkeiten wegen eines so unwichtigen außenpolitischen Zieles zu riskieren. Nicht die Machtmittel entschieden den Krieg, sondern wie wichtig den Beteiligten der Kampf war.

Bei jemandem ganz ohne Bedürfnisse, einem Asketen oder einem Lebensmüden, sind alle Machtmittel vergebens. Man kann über so eine Person keine Macht haben, denn es gibt keine Ziele, die man gefährden könnte. Darum haben sich die antiken „Kyniker“ (aus ihnen entsteht das moderne Wort „Zyniker“) bedürfnislos gemacht, in Fässern geschlafen, kaum etwas gegessen und getrunken, nichts besessen. Als der König Alexander der Große einem von ihnen, dem berühmten Diogenes in der Tonne, einen Wunsch zu erfüllen versprach, antwortete der: „Geh mir aus der Sonne.“

Macht ist eine Beziehung, kein Ding. Die Bankräuber haben durch die Maschinenpistolen eine gute Chance zur Machtausübung. Aber nicht die Maschinenpistolen geben ihnen Macht, sondern die Todesangst der Menschen in der Bank. Sobald sie auf einen Lebensmüden stoßen, ist die Macht ihrer Waffen weg. Entscheidender als die Machtmittel sind also immer die Konstellation der Bedürfnisse. Wenn ich von jemandem Geld haben will, dann muss ich ein Ziel ansprechen, das wichtiger ist als das Ziel, das Geld zu behalten. Wenn jemandem Geld sehr wichtig ist, muss ich sehr hohe Ziele gefährden, damit er von seinem Geld lässt. Bei jemandem mit viel Geld genügt vielleicht eine leere Drohung. Bei jemand, dem viel daran liegt, ein guter Mensch zu sein, genügt ein Appell an die Ehre und Freigebigkeit.

Die Bankräuber wenden eine äußerst grobe Machttaktik an. Sie bedrohen das normalerweise wichtigste Ziel der Menschen: das Leben und die körperliche Unversehrtheit. Damit treffen sie normalerweise alle. Hätten sie genauere Informationen über die Ziele ihrer Opfer, bräuchten sie nicht so brutal vorzugehen. Interessant an diesen Überlegungen ist, dass sich daraus eine völlig neue Vorstellung von Macht ergibt. Macht ist danach nicht mehr etwas, das man hat, wenn man viel Geld oder viele Wählerstimmen hat. Es ist nichts, über das man verfügen kann wie über einen Besitz. Macht ist vielmehr von der Bedürfniskonstellation der anderen Menschen abhängig, über die Macht ausgeübt werden soll. Je bedürftiger die sind, desto leichter ist es, über sie Macht zu erringen. Wenn sie selbstgenügsam sind oder – der absolute Extremfall – sowieso vorhaben, sich umzubringen, gibt es kaum ein Mittel in der Welt, das jemandem Macht verleihen würde über solche Menschen. Nur bei einer gegebenen Bedürfniskonstellation ist der Umfang der Mittel, über die man verfügt, das Maß der Macht.

Das gibt Anlass zu Hoffnung. Denn bei dieser Betrachtungsweise haben die Machtunterworfenen ein Wörtchen mitzureden beim Spiel um die Macht. Wenn es sie nicht kümmert, was die Mächtigen tun, haben diese ihre Macht verloren. Egal über welche Reichtümer, über welche Waffen, über welche Folterinstrumente oder Drohungen sie verfügen, sie haben keinen Einfluss auf das Verhalten der Menschen. Erst Bedürftigkeit der Menschen unterwirft sie der Macht. Erst wenn die Bedürftigkeit gegeben ist, zählen die Mittel, die Reichtümer, die Waffen, die Folterinstrumente, die Drohungen und Verführungen der Mächtigen. Die Machtmittel, auf die allein wir zu schauen gewohnt sind, sind zwar durchaus die Voraussetzungen der Macht. Sie alleine verleihen aber noch keine Macht. Dazu ist die Geschichte vom „Kleinen Prinzen“ ein gutes Beispiel. Dort kommt es zu keinem Machtverhältnis zwischen dem „Kleinen Prinzen“ und dem König auf seinem Thron. Denn der König hat nichts, was der „Kleine Prinz“ brauchen könnte und er hat auch keine Möglichkeit, den „Kleinen Prinzen“ unter Druck zu setzen. Der „Kleine Prinz“ will nichts von dem König. Er findet ihn langweilig mit seinem Gerede von Macht und Generälen und wünscht sich deshalb schnurstracks weg von dem Asteroiden – und – puff – verschwunden ist er.

Die Vorzüge der Herrschaft

Ganz anders wäre es gewesen, wenn der König und der „Kleine Prinz“ zueinander in einem Herrschaftsverhältnis gestanden hätten. Herrschaft ist von Max Weber so definiert worden: Die Chance, auf einen Befehl beliebigen Inhalts Gehorsam durch Zustimmung zu erlangen. Dann hätte der König keine Bedürfnisse gefährden oder die Nicht-Erfüllung von Wünschen androhen müssen. Der „Kleine Prinz“ hätte stattdessen die Befehlsgewalt des Königs anerkannt und sich ihm freiwillig untergeordnet. Er hätte brav gegähnt, wenn es ihm befohlen wurde und sich einen Sitzplatz gesucht, auch wenn er kein Bedürfnis zum Sitzen gehabt hätte.

Herrschaftsverhältnisse haben den Vorzug, dass man keinen Zwang einsetzen muss, dass man keine Mittel, kein Geld, keine Waffen, keine Foltermittel, nichts einsetzen muss, um das gewünschte Verhalten zu erreichen. Eine Gesellschaft ist viel besser dran, wenn sie ihre Angelegenheiten durch Herrschaft und nicht durch Macht regeln kann. Sie braucht keinen Zwang. Sie muss keine Widerstände überwinden, sie muss weniger Mittel einsetzen und sie ist nicht von den Zielen und der Bedürfniskonstellation ihrer Mitglieder abhängig. Eine Gesellschaft durch Herrschaft zu regieren ist viel einfacher und billiger als sie durch Macht zu unterwerfen. Darum muss es das Ziel von Politik sein, Macht in Herrschaft zu verwandeln. Macht braucht Zwangsmittel, braucht Militär, Polizei, Spitzel und Gefängnisse. Herrschaft braucht nur Vertrauen.

Politik muss demnach Macht, Zwang und unfreiwillige Unterwerfung, in Herrschaft, in Vertrauen verwandeln. Das gelingt oft und geht so: Die Politik entscheidet mit Mehrheit, eine unpopuläre Maßnahme, zum Beispiel eine Ökosteuer einzuführen. Sie soll umweltbelastende Energieträger teurer machen, damit die Menschen von sich aus auf weniger umweltbelastende Energiequellen umsteigen oder bei der teuren Energie sparen. Gleichzeitig sollen die damit erzielten Mehreinkünfte die Lohnnebenkosten reduzieren, damit die deutschen Unternehmen im internationalen Konkurrenzkampf besser bestehen können. Das soll Arbeitslosigkeit abbauen helfen.

Dieses an sich vernünftige Konzept bedeutet höhere Benzinpreise. Das ärgert die Verbraucher und alle Unternehmen, die auf die Straße angewiesen sind. Sie sind nicht bereit zuzustimmen. Lastwagenfahrer rufen zum Protest auf, sperren ganze Autobahnen mit Langsamfahrten. Die Opposition sieht ihre Chance für einen Punktsieg in symbolischer Politik und stellt sich hinter die Lastwagenfahrer. Die Regierung droht mit der Polizei. Der Kampf wogt hin und her. Zeitungserklärung nach Zeitungserklärung, Parlamentsdebatte nach Parlamentsdebatte für und gegen die Ökosteuer. Kaum ein Thema, das nicht mit ihr in Zusammenhang gebracht wird, weil die Opposition meint, die Regierung hier vorführen zu können. Doch die bleibt stur. Denn sie setzt auf Zeit. Das Publikum verliert das Interesse am immer gleichen Argument. Neue Themen kommen in die Medien. Ein Erdbeben oder eine Kindesentführung oder die

Ausscheidungskämpfe der Bundesliga fesseln die Aufmerksamkeit. Und die Menschen gewöhnen sich an den neuen Benzinpreis. Sie stellen ihr Verhalten tatsächlich um. Sie kaufen benzinsparende Autos. Sie ziehen näher an ihren Arbeitsort. Sie finden ein neues Gleichgewicht zwischen ihren Mobilitätswünschen und ihrem Einkommen.

Die Regierung hat sich in einer Machtfrage durchgesetzt und Verhalten verändert. Mit diesem neuen Verhalten gibt es dann keinen Konflikt mehr zwischen Regierung und der Bevölkerung. Für die Opposition bietet diese Frage keine Chance mehr für symbolische Politik. Es geht nur noch um Detailfragen, die Gegenstand der praktischen Politik sind und von Experten entschieden werden. Dann ist dieser Bereich zum Teil der Herrschaft geworden. Das Vertrauen ist wieder hergestellt. Alle sind sich einig. Niemand denkt mehr daran, dass es hier einmal heftigste Kämpfe gegeben hat. Macht ist Herrschaft geworden.

Es gibt andere Bereiche, in dem das nicht so gut klappt. Dazu ebenfalls ein Beispiel. Die Gesundheitspolitik: Ärzte und Pharmaindustrie stehen auf der einen Seite. Sie wollen möglichst hohe Einkommen und Gewinne erzielen. Die Versicherten und anderen Unternehmen vertreten die Gegenseite. Sie wollen möglichst niedrige Beiträge zahlen. Dazwischen stehen die Kranken. Sie wollen eine optimale Behandlung – egal was es kostet. Deshalb können die Ärzte den Kranken stetig wachsende Behandlungsleistungen verordnen. Eine stetig wachsende Zahl von Ärzten und Ärztinnen sorgt für eine mindestens parallel ansteigende Kostenexplosion. Denn alle wollen ein standesgemäßes Einkommen erzielen. Die Pharmaindustrie dient sich ihnen mit Luxuskongressen und Proben an. Die Kranken sind für jede Zuwendung dankbar. Doch gesamtpolitisch bedrohen die wachsenden Kosten der Gesundheitsversorgung die internationale Konkurrenzfähigkeit der deutschen Industrie. In einem Land, das vom Export lebt, ist das eine kaum zu überschätzende Gefahr für die Politik. Können andere die gleichen hochwertigen Produkte zu billigeren Preisen liefern, ist es aus. Arbeitslosigkeit und Pleiten wären die Folgen. Man würde es denjenigen anlasten, die an der Macht sind.

Die Politik kann es in diesem Konflikt nicht allen Recht machen. Herrschaft ist in diesem Gebiet nicht möglich, denn eine Seite wird immer ihre Zustimmung verweigern, weil sie in ihren vitalen Interessen bedroht ist. Egal was die Politik unternimmt, irgendeine der beteiligten Gruppen schreit und protestiert. Die Ärzte behaupten, die Volksgesundheit sei in Gefahr. Die Unternehmen behaupten, der Standort Deutschland falle hinter der Konkurrenz zurück und die Massenarbeitslosigkeit müsse unweigerlich weiter wachsen. Die Vertreter der Versicherten behaupten, es drohe eine Zweiklassenmedizin, in der das Geld entscheide, wer früher sterben muss.

Es ist ein Tummelplatz für symbolische Politik. Egal wer gerade an der Regierung ist, die jeweilige Opposition nutzt das unlösbare Dilemma der jeweiligen Regierung, um Punkte zu machen. Das geht so schon seit vierzig Jahren. Da Politik auf die Stimmen aller angewiesen ist, muss sie nach einem Kompromiss suchen, der von möglichst vielen akzeptiert wird. Eine radikale Lösung traut sie sich selten zu. Je mehr zustimmen können desto besser. So verwandelt sich eine anfangs umstrittene Frage nach und nach zu einem neuen Konsens. Dann ist Macht in Herrschaft verwandelt worden und der gesellschaftliche Friede ist wieder hergestellt.

Für eine Gesellschaft ist es unverzichtbar, dass die meisten Verhaltensweisen und Entscheidungen quasi automatisch, ohne Konflikte und langwierige Diskussionen ablaufen. Ständiger Konflikt wäre hinderlich und umständlich, würden große gesellschaftliche Kosten verursachen. Der Alltag macht es erforderlich, dass die meisten Grundfunktionen wie selbstverständlich funktionieren. Diese Selbstverständlichkeit herzustellen ist Aufgabe der Politik. Sie muss Macht in Herrschaft verwandeln. Das ist ihre Aufgabe.

Siebtes Kapitel

Was kann man tun?

Zu Beginn dieser Broschüre war die Rede von meiner Mutter und meinem Vater als jungen Leuten. Sie hatten sich nicht für Politik interessiert. Und doch hatte ihnen die Politik ihr Leben zerstört. Der vorliegende Text soll dazu helfen, wie man eine solche Position der Ohnmacht, des Ausgeliefertseins an Politik, vermeiden kann.

Bisher hat dieser Text vor allem übersteigerte Erwartungen an Politik abgewehrt. Das ist wichtig für politische Handlungsfähigkeit. Denn wenn man zu hohe Erwartungen an Politik hat, wenn man von ihr die Lösung aller Probleme, Wahrheit und Gemeinwohl erwartet, gerät man in einen seltsamen Zwiespalt: Auf der einen Seite macht man sich klein vor ihr und traut sich selbst nichts zu, denn man muss perfekt sein und sich um alles kümmern, wenn man solche Politik machen will. Andererseits führt die unvermeidliche Enttäuschung mit der tatsächlichen Politik dazu, dass man jeden Respekt vor Politik und Politikern verliert und sich dann ganz von ihr abwendet. Deshalb habe ich bisher großen Wert darauf gelegt zu zeigen, dass Politik nur als Durchwurschteln funktionieren kann. Man hat zwar Ziele und Vorstellungen davon, wie die Lösung von Problemen aussehen sollen. Doch die Milliarden Leben des Kolumbus und die nicht beabsichtigten Folgen zielgerichteten Handelns durchkreuzen meist die schönen Vorstellungen und man landet beim Durchwurschteln. Diese Erkenntnis hat die tröstliche Seite, dass es in der Politik zugeht wie im richtigen Leben.

Es bleibt also die Frage: Was kann man tun? Welchen Einfluss kann der Einzelne auf Politik ausüben? Nach dem Text des Grundgesetzes sind die Einflussmöglichkeiten sehr begrenzt. Denn man muss ihn mit allen anderen Wahlberechtigten teilen. Es heißt dort in Artikel 20, Absatz 2 : „Alle Staatsgewalt geht vom Volke aus." Bei sechzig Millionen Wahlberechtigten in der Bundesrepublik hätte man ein sechzigmillionstel Einfluss. Das gilt aber nur für die

Bundespolitik. Je kleinteiliger der Bereich, in dem man sich engagiert, desto größer der Einfluss den man ausüben kann, denn mit um so weniger Menschen muss man ihn teilen. Tatsächlich kann man in der dörflichen Kommunalpolitik noch am meisten bewirken. Da kennt man sich. Da zählt die einzelne Person. Parteien spielen keine große Rolle. Es gibt häufig parteilose Wählervereinigungen, die manchmal sogar den Bürgermeister stellen. Die Probleme im Dorf sind klar: Wo soll die neue Umgehungsstraße entlang gehen? Soll die Ortsstraße verkehrsberuhigt werden? Wo kommt das Geld fürs Reparieren der Frostschäden her? Es sind bürgernahe Probleme und ihre Lösung verschafft unmittelbare Befriedigung.

Doch das ist nicht die Politik, die über Armut und Reichtum, Krieg und Frieden entscheidet. Kommunalpolitik kann sich nur in dem engen Rahmen bewegen, der durch die Bundes- und Landesgesetze vorgegeben ist. Die Musik wird zwar auf der kommunalen Ebene gespielt. Die meisten Gesetze werden dort ausgeführt, der größte Teil des Geldes dort ausgegeben. Doch komponiert wird die Musik anderswo. Die kommunale Ebene führt Bundes- und Landesgesetze und EU-Richtlinien aus. Zwar ist es für die Musik schon wichtig, wer sie spielt. Es gibt gute und schlechte Kapellen, gute und schlechte Dirigenten. Ob es aber wirklich gute oder schlechte Musik ist, hängt aber vom Komponisten ab. Und der sitzt auf höherer Ebene. Dort muss man sich die Macht mit allen anderen teilen. Der Einfluss schrumpft auf Millionstel zusammen. Doch das gilt nur für Wahlen und Abstimmungen. Denn im Artikel 20 Absatz 2 Grundgesetz geht es so weiter: „Sie (alle Staatsgewalt) wird vom Volke in Wahlen und Abstimmungen und durch besondere Organe der Gesetzgebung, der vollziehenden Gewalt und der Rechtsprechung ausgeübt.“ Die eigentlichen Träger aller Staatsgewalt sind demnach die „besonderen Organe“. Die gilt es zu besetzen oder wenigstens zu beeinflussen, wenn man Macht ausüben, wenn man die Musik bestimmen will. Wie geschieht das? Dazu steht in Artikel 21 des Grundgesetzes ein einfacher Satz: „Die Parteien wirken bei der politischen Willensbildung des Volkes mit.“ Es gibt dann noch einige Bestimmungen über die innere Ordnung und Finanzen der Parteien.

Mehr steht dort nicht. Doch in diesem einfachen Satz steckt das ganze Geheimnis der demokratischen Politik und der Schlüssel zur Macht. Denn sechzig Millionen Wahlberechtigten stehen 1,7 Millionen Parteimitglieder gegenüber. Nur 3 Prozent der Wahlberechtigten sind in einer Partei. Von denen sind etwa die Hälfte Karteileichen. Wirklich aktiv sind dann noch 1,5 – in Thüringen unter 1 Prozent der Wahlberechtigten.

Parteien wirken aber nicht nur – wie das Grundgesetz es so harmlos formuliert – bei der politischen Willensbildung des Volkes mit. Sie bestimmen die Kandidatinnen und Kandidaten für alle Wahlämter. Sie stellen das Personal für nahezu alle Positionen mit politischem Einfluss in den Ministerien und Gerichten. Sie legen die Richtung fest für die politische Entwicklung der Bundesrepublik Deutschland. Sie sind die absolut dominanten Akteure der Politik. Sie haben die Macht in Händen. Wer Einfluss auf Politik nehmen will, wer wirklich etwas tun will, sollte in eine politische Partei eintreten – besonders in den neuen Bundesländern, denn dort konkurriert man nur mit wenigen Parteimitgliedern.

Parteipolitik ist eine Sache für sich. Parteipolitik ist wie ein Strategiespiel. Das kann außerordentlich spannend sein. Denn die Regeln stehen nie fest. Es gibt immer neue Koalitionen und Gegnerschaften. Man muss genau kalkulieren können, mit wem man rechnen kann, wen man verpflichtet hat, wem man noch einen Gefallen tun muss, wenn man abschreiben kann. Denn nur mit Koalitionen und geschickten Schachzügen bekommt man seine Lieblingskandidaten durch. Gemeinsam muss man als Partei um möglichst viele Stimmen kämpfen. Aber ansonsten sind sich Parteifreunde oft die ärgsten Feinde, weil direkte sie um Ämter und Einfluss kämpfen. Wem Strategiespiele Spaß machen, dem oder der sei der Eintritt in eine politische Partei dringend empfohlen. Es ist der Königsweg zur Macht.

Gerade in der heutigen Zeit der Politikmüdigkeit, der sinkenden Bereitschaft zur Mitarbeit in Parteien sind die Chancen, Politik aktiv mitgestalten zu können, so gut wie noch nie. Gerade in den neuen Bundesländern, aber auch zunehmend in den alten, ist die Personaldecke knapp. Wer sich einigermaßen engagiert und fähig zeigt, kommt kaum an einem Amt vorbei.

Wichtig ist dabei der früher bereits besprochene Unterschied zwischen symbolischer und praktischer Politik. Es gibt Posten, in die man nur durch allgemeine Wahlen gelangt: Gemeinderat, Bürgermeister, Kreistag, Landrat, Landtag, Bundestag und die entsprechenden Ministerämter. Wer gewählt und wieder gewählt werden will, muss vor allem symbolische Politik betreiben. Die ist dafür wichtiger als alles andere. Wer sich in einer solchen Position in praktische Politik verstrickt, hat schon verloren. Sie kann nur nebenher und in zweiter Linie betrieben werden. Entscheidend ist der öffentliche Eindruck, nicht die wirkliche Leistung. Anders ist es in all den Positionen, die zwar auch parteipolitisch besetzt werden, aber nicht durch Wahlen. Das geht los bei den Staatssekretärsposten auf höchster Ebene, reicht aber herunter bis in die unteren Ebenen der Ministerien, der Stadtverwaltung und der Justiz.

Dort wird praktische Politik betrieben. Die Verwalter in den Behörden und Ministerien basteln sich Gesetze und Verordnungen, mit denen sie die Probleme des gesellschaftlichen Alltags bewältigen. Oft arbeiten sie eng mit den Verwalteten, den Hochschulen, Schulen, Krankenhäusern oder Betrieben zusammen und suchen gemeinsam nach besten Lösungen. Parteizugehörigkeit und Parteiprogramme rücken dabei in weite Ferne. Ohne ideologische Festlegungen wird der politische Alltag bearbeitet. Man gestaltet Wirklichkeit. Fähigkeit, Humor, Zuverlässigkeit zählen – nicht Überzeugung, Selbstdarstellung und Rhetorik.

Praktische Politik ist lange nicht so spannend und glanzvoll wie symbolische Politik. Sie gewinnt keine Wahlen und keine Macht. Praktische Politik ist deshalb für den Rest zuständig, den symbolische Politik übrig lässt. Sie kann aber viel Befriedigung verschaffen. Und sie hat eine eminente Bedeutung für den Zusammenhalt der Gesellschaft. Denn mit ihrer stetigen Geschäftigkeit gewährt sie uns ein gutes, wenn auch manchmal etwas umständliches Alltagsleben, an dem wir uns selten stoßen. Diese Alltagszufriedenheit mit dem selbstverständlich Gewordenen ist die Grundlage der Herrschaft. Sie überzeugt mit ihrer Alltagsweisheit so sehr, dass die meisten Menschen dem Staatsgebilde ihre Zustimmung geben, seine Herrschaft anerkennen, auch dann wenn ihnen viele Aktionen der symbolischen Politik zuwider sind und sie sich in diesem Bereich nur widerwillig der Macht beugen.

Symbolische Politik zielt auf die Medien, trifft sie aber nur ausnahmsweise. Die Sendemöglichkeiten für politische Informationen sind in Funk und Fernsehen bekanntlich sehr begrenzt – weil die meisten sofort wegzappen, wenn außerhalb der rituellen Nachrichtensendungen von Politik die Rede ist. In der Massenpresse – das sind die lokalen Abonnementszeitungen und die überregionale Boulevardpresse – kommt Politik auch nur auf wenigen Seiten und nur mit gut verkaufbaren Sensationen oder Histörchen vor. Dennoch müssen die Akteure der symbolischen Politik mit allen Journalisten reden, müssen jede Chance der Selbstdarstellung im Rampenlicht nutzen, Termine für öffentliche Präsentationen suchen und notfalls erfinden. Da wird etwas eingeweiht, was es schon lange gibt. Da wird eine Pressekonferenz gemacht zu einem Projekt, das nur erfunden wurde, damit die Pressekonferenz stattfinden kann. Unendlich viel Zeit wird auf zeremoniellen Veranstaltungen verbracht. Man rast von einem Termin zum anderen, von Preisverleihung zur Einweihung, von der Eröffnung zur Amtseinsetzung, von der Verabschiedung zur Ehrung. Man liest von anderen geschriebene Reden ab, hört sich die abgelesenen Reden anderer an, gibt Interviews, führt Hintergrundgespräche und hat für die praktische Politik kaum noch Zeit. Die muss man seinen Mitarbeiterinnen und Mitarbeitern überlassen.

Zugleich ist die symbolische Politik voller Reiz. Dort trifft man auf die wichtigen Personen. Dort bewährt sich, ob man selbst dazu zählt. Dort werden die wirklich großen und wichtigen Entscheidungen getroffen. Dort geht es um Armut und Reichtum und um Krieg und Frieden. Wenn man wirkliche Macht haben will und die Welt wirklich mitgestalten will, kommt man um die symbolische Politik nicht herum.

Doch nur wenige Menschen halten das durch. Die Arbeitstage sind lang und hektisch. Termine folgen einander Schlag auf Schlag mit kurzen Besprechungen dazwischen. Wichtige Entscheidungen müssen unter Zeitdruck getroffen werden, früh morgens Akten studieren, Unterschriften leisten, kaum Privatleben. Es ist ein hartes Geschäft. Politik als Beruf. Die meisten Menschen scheuen den Aufwand. Viele würden die Arbeitslast nicht durchstehen. Die Hauptgefahr dabei: Man vergisst, dass man nur wichtig ist wegen der Position, die man innehat. Man meint dann, die ganze Aufmerksamkeit, der Wirbel und die Ehrungen verdiene man als Mensch. Man werde geehrt und ständig bewundert, weil man so gut ist und nicht weil man so hoch steht. Dann kann man nicht mehr leben ohne Amt, denn man braucht die Illusion, die nur im Amt zu haben ist.

Doch das ist ein Problem, das sich nur ganz wenigen stellt. Für die meisten Menschen kommt ein politisches Amt überhaupt nicht in Betracht. Sie bestreiten ihr Leben mit normaler Arbeit und finden kaum Zeit, sich daneben für Politik zu engagieren, geschweige denn zu regelmäßiger Parteiarbeit.

Auch sie können in der Politik etwas bewirken. Für sie gibt es die Möglichkeit, sich an einem Punkt, bei einer Frage, die sie besonders betrifft und interessiert, einzumischen. Das Interesse entsteht oft zufällig über ein Zusammentreffen, über Beziehungen, ein Kennenlernen oder eine gefühlsmäßige Verbindung zu längst zurückliegenden Erlebnissen. Man engagiert sich in einer Nicht-Regierungs-Organisation wie Amnesty International oder Greenpeace oder in einer Bürgerinitiative. Deren Hauptwaffe ist die symbolische Politik. Sie sammeln Unterschriften, rufen zu originellen Demonstrationen auf, veranstalten Feste und Basare oder lassen sich pressewirksame Happenings einfallen. Wenn sie es schaffen, die Parteien mit ihrer symbolischen Politik ins Eck zu drängen, sodass die Parteien weniger Publizität erreichen als die Bürgerinitiative, dann gerät die offizielle Politik unter Druck. Dann gibt sie häufig nach, weil sie sich keinen Imageverlust leisten kann. Dann wird das Problem zur Lösung frei gegeben. Danach kann man als Bürgerinitiative in aller Ruhe mit den Machern der praktischen Politik verhandeln und vernünftige Lösungen aushandeln. Das geschieht häufiger als man denkt. Solche punktuellen Aktionen zu einem begrenzten Thema bewirken in der Politik immer wieder Erstaunliches.

Man lernt bei dieser Art punktueller Politik viele interessante Menschen kennen, hat Freude und Frust, Hänger und Höhepunkte und merkt, dass Politik Spaß machen kann – selbst dann, wenn sie nichts erreicht. Es ist gemeinschaftliches Handeln gegen eine scheinbare Übermacht und macht alleine deswegen schon Mut.

Es ist das Feld der persönlichen Einstellungen, der Prioritäten, die man sich in seinem Leben stellt. Aus ihnen entsteht nämlich das, was man Zivilcourage nennt. Denn wenn unsere Ziele, unsere Prioritäten unser Handeln bestimmen, dann hängt der Mut, mit dem wir uns in eine Situation einbringen von solchen persönlichen Einstellungen ab.

Alle Menschen haben eine mehr oder weniger bewusste, ganz persönliche Antwort auf die Frage: Was macht das Leben lebenswert? Für manche ist es die Religion. Für andere ist es die Familie. Für Menschen mit Zivilcourage ist es die Freiheit und Würde aller Menschen. Gegenüber solchen Menschen hat keine Macht der Welt eine Chance. Denn Macht kann sich auf die Dauer nur durchsetzen, wenn sie höhere Ziele bedrohen kann als diejenigen, die das zu verändernde Handeln bestimmen. Das was das Leben lebenswert macht, ist das höchste Ziel, das kurzfristig zur Erhaltung des Lebens zurückgestellt wird, das aber auf die Dauer nicht aufgegeben wird. Wenn Menschen in dem, was für sie das Leben lebenswert macht, dauerhaft bedroht sind, werden sie zu Märtyrern. Sie riskieren sogar ihr Leben für die Religion, für die Familie oder für die Menschenrechte je nachdem, was das Leben für sie lebenswert macht.

Wenn die Menschenrechte und die persönliche Freiheit zentraler Teil dessen sind, was das Leben lebenswert macht, hat Macht nur dann eine Chance, wenn sie die Menschenrechte und die persönliche Freiheit achtet. Wenn sich solche Zivilcourage im Alltag entwickelt, sind der Politik enge Grenzen gesetzt. Dann kann sie sich nie so verselbstständigen wie zur Zeit als meine Eltern jung waren.

Zivilcourage, der Wille zur Verteidigung der Freiheit und Menschenwürde im Alltag, setzt der Willkür der Mächtigen die wirksamste Grenze und ist deshalb das wertvollste Gut einer guten Gesellschaft.

Weiterführende Literatur

Milgram, Stanley (1993).
Das Milgram Experiment. Zur Gehorsamsbereitschaft gegenüber Autorität. Reinbeck.

Watzlawick. Peter (1976).
Wie wirklich ist die Wirklichkeit? Wahnsinn. Täuschung. Verstehen. München.
ders. (1981). Die erfundene Wirklichkeit. München.

Glasersfeld, Ernst von (1997).
Radikaler Konstruktivismus. Ideen, Ergebnisse, Probleme.
Frankfurt am Main.